나만의 Drone 만들기

나만의 Drone 만들기

개인용 드론 · 쿼드콥터 · RC보트 DIY 제작 매뉴얼

존 베이치틀 지음 | 박성래 · 이지훈 옮김

i!i
에이콘

이 책을 할머니 메리언에게 바친다.

두 달 전에 98번째 생일을 맞았지만

심장에 문제가 있어 의사가 안정을 취하라고 했고 요양원에 입원하셨다.

할머니는 아직 파티장을 떠날 준비가 되어 있지 않으시며,

내 어머니와 고모의 극진한 보살핌을 받으며 나날이 좋아지고 계시다.

할머니의 삶에 대한 사랑과 글쓰기에 대한 열정은

매일 나에게 힘이 된다.

지은이 소개

존 베이치틀 John Baichtal

수십 권의 책을 쓰거나 편집했으며 주요 저서로는 여러 수상 경력을 자랑하는
『컬트 오브 레고』(인사이트, 2013), 아담 울프Adam Wolf, 메튜 베클러Matthew Beckler와
함께 집필한 『LEGO hacker bible Make: LEGO and Arduino Projects』(Maker
Media, 2012), 『Robot Builder』(Que, 2014), 『Basic Robot Building with LEGO
Mindstorms NXT 2.0』(Que, 2012) 등이 있다. 최신 저서는 『Maker Pro : 메이
커 프로』(한빛미디어, 2015)이고 프로 공작인으로서의 삶을 기술한 여러 편의 에세
이와 인터뷰가 있다. 아내와 세 자녀와 함께 미니애폴리스에서 거주한다.

내 가족을 생각할 때면 항상 두 가지 사실에 직면하게 된다.

1) 누가 물어봐도 아르덴, 로즈마리, 잭이 나에게는 최고의 아이들이다.

2) 내 아내 앨리스가 없는 세상은 아무런 의미가 없다. 사랑해!

또한 나에게 영감을 주고 도움을 준 윈델 오스키, 조기니어, 매튜 베커, 릴리 해리슨, 데이비드 랭, 트라맬 허드슨, 앤마리 토마스, 피트 프로돌, 브루스 샤피로, 알렉스 올몬트, 존 에드가 박, 덱스터 인더스트리스, 미구엘 발렌쥴라, 피트 멕케나, 스티브 노리스, 스티븐 앤더슨, 메이커빔, 주드 도니스치, 스파크펀 엔지니어링, 브루클린 에로드롬, 아담 울프, 마이클 프레이어트, 소피 크라비츠, 크리스티나 장, 레노르 에드맨, 릭 쿠헨, 션 마이클 레이건, 존 윌슨, 수산 솔라즈, 아키바, 마크 프라우엔펠더, 크리스 버거, 마이클 크룸푸스, 알렉스 디바, 브라이언 젭슨, 베카 스테픈, 데이브 브라이언, 옥토보틱스, 마이크 호드, 메이크블록, 패트 아네슨, 에린 케네디에게 감사드린다. 혹시 잊은 사람이 있다면 사과드린다.

나의 어머니 바바라는 책의 후반에 나오는 용어집을 요약하셨다. 이 책에 관한 도움뿐만 아니라 여러 가지로 나는 어머니께 평생 빚을 졌다.

박성래(starlizz@naver.com)

기계공학과 사진을 전공하고 카메라 회사에 근무하다가 현재 전자회사에서 마케팅을 한다. 전공을 살려 사진, 영상, 천체관측, 무선조종, 바이크 타기 등 여러 취미 생활을 하고 있으며 최근에는 주말이면 RC 드론 및 비행기, RC 요트를 조종하는 데 빠져 있다.

이지훈(mnb8436@gmail.com)

아이폰/안드로이드 앱 개발자로 수익모델 창출에 노력 중이며, 빅데이터 기반의 게임 데이터 분석 시스템을 만들고 있고, 전문 번역 커뮤니티 GoDEV의 멤버로 활동 중이다. 최근 주말이면 공역자와 함께 RC 드론 및 비행기, RC 요트를 조종하는 데 빠져 있다.

『나홀로 개발자를 위한 안드로이드 프로그래밍의 모든 것』(에이콘, 2011), 『Java 프로그래밍 입문』(북스홀릭, 2013)을 집필했고, 『Hbase 인액션』(비제이퍼블릭, 2013), 『Swift로 하는 iOS 프로그래밍』(에이콘, 2015)을 공역했다.

옮긴이의 말

바야흐로 드론과 RC의 전성시대다. 이미 군사 분야에서는 다양한 종류의 드론이 활용되고 있으며, TV 프로그램에서는 몇 년 전부터 드론을 이용해 촬영한 수많은 영상이 방영되고 있다. 또한 인명구조, 농업은 물론 배송이 필요한 산업 분야에서는 이를 어떻게 활용할지에 대한 연구를 계속하고 있을 정도로 드론은 우리의 생활에 점점 밀접하게 다가오고 있으며, 2015년 CES에서는 여러 업체에서 다양한 형태의 드론을 선보이면서 드론 관련 시장이 폭발적으로 커질 것을 예고했다.

과거의 RC는 가격이 상당히 고가였기 때문에 극소수의 사람들만 즐길 수 있었던 고급스런 취미 활동이었다. 하지만, 소득의 증가와 RC 제품의 가격 하락으로 인해 대형 완구점에서도 쉽게 구하고, 접근할 수 있는 분야가 되었다. 더불어 아두이노와 라즈베리 파이 같은 마이크로컨트롤러가 대중화되어 RC와 쉽게 접목시킬 수 있게 되었다. RC 중에서도 드론, 특히 이중에서도 프로펠러가 여러 개 달린 멀티콥터의 경우는 마이크로컨트롤러 덕분에 다른 항공 RC에 비해 조종이 쉬워 많은 사람들이 입문하고 있는 분야이며, 여러 미디어를 통해 드론 레이싱과 같은 새로운 레포츠가 소개되면서 이 또한 많은 사람들이 도전한다.

완성품 드론을 구입해서 비행하는 것도 즐거운 일이지만, 스스로 만든 드론을 하늘에 띄워보는 것은 어떨까? 상상만으로도 가슴 설레는 일이라 할 수 있다. 이런 꿈을 지닌 드론 및 RC 입문자에게 이 책은 많은 도움이 될 수 있을 것이라 생각한다.

RC나 전자공학에 대한 지식이 별로 없더라도 책에 소개된 과정을 하나씩 따라가면서 조립하다 보면 드론의 구조나 원리에 대해 어느 정도 기초를 다질 수 있을 것이며 만드는 즐거움도 느낄 수 있을 것이다.

이 책에서는 드론의 조종법은 다루지 않는다. 이미 RC 헬기나 작은 드론을 조종해본 경험이 있다면 첫 비행 전에 몇 가지 테스트를 거친 뒤에 바로 비행을 할 수도 있을 것이다. 하지만 드론은 고속으로 회전하는 프로펠러를 이용한 비행체이기 때문에 조종에 익숙하지 않은 경우 흉기로 둔갑해 상해를 입히거나 바로 추락할 수도 있어 책에 나온 설명대로 드론을 조립한 뒤에는 동호회 등에 가입해 반드시 기체 점검 및 조종 방법을 배우고 나서 하늘로 멋지게 띄워보자.

오늘도 무견적 안전 비행을 기원한다.

차례

들어가며

최근 뉴스에서 드론에 관한 기사나 자주 나오고 있으며, 드론이 우리 생활에서 차지하는 부분이 나날이 늘어가고 있다. 우리는 은박지로 만든 모자를 던져서 작은 헬리콥터 모양의 그림자를 찾는 놀이를 하는 데서 그칠 수도 있고 드론이라는 흥미로운 기기에 대해 좀 더 배울 수도 있다. 하지만 나는 후자의 방법을 더 추천하고 싶다. 드론에는 아주 멋진 기술들이 적용되어 있으며 또 조종을 잘하려면 드론에 대해서 상세히 이해해둬야 한다.

이 책의 대상 독자

전자회로, 모터, 프레임 제작 기술, 도구 등과 같이 드론 제작에 관련된 다양한 분야를 다루는 책이기 때문에 드론을 만들고자 하는 모든 사람이 수준에 상관없이 만족할 수 있을 것이다.

이 책의 구성

이 책은 메인 프로젝트라고 할 수 있는 쿼드콥터 제작과 관련된 다양한 분야를 전반적으로 다룸은 물론, 데이터 수집 로켓 드론, 소형 비행선, 페트병으로 만드는 보트에 대해서도 설명하므로, 많은 사람이 관심 있어 하는 쿼드콥터를 넘어 드론에 대해 좀 더 넓게 볼 수 있는 시각을 제공한다.

- **1장, 드론의 역사** 드론의 역사와 최신 기술, 드론 조종사들이 알고 있어야 하는 최신 용어를 살펴본다.

- **2장, 최신 DIY 드론 소개** UAV(무인항공기), ROV(잠수정), 로버 등을 비롯해 아마추어들이 취미로 제작한 멋진 드론을 소개한다.

- **3장, 상용 드론과 키트** 구입을 고려해볼만한 시판 중인 드론을 알아본다. 비디오 촬영이 가능한 쿼드콥터는 물론 잠수정에 대해서도 다룬다.

- **4장, 쿼드콥터 제작 1: 에어프레임 선택** 본격적으로 쿼드콥터 프로젝트를 시작하기 위해 다양한 종류의 쿼드콥터용 프레임과 섀시를 알아보고 쿼드콥터의 에어프레임 제작을 시작해 본다.

- **5장, 로켓 드론 프로젝트** 쿼드콥터는 잠시 내려놓고 아두이노가 탑재된 모형 로켓 제작을 설명한다.

- **6장, 쿼드콥터 제작 2: 모터와 프로펠러** 쿼드콥터 제작 시 중요한 2가지 부품에 대해 알아본다. 다양한 모터와 프로펠러를 설명하고 쿼드콥터의 에어프레임에 장착해 본다.

- **7장, 비행선 드론 프로젝트** 헬륨풍선을 이용해 부양하는 작은 크기의 목조 로봇 제작 방법을 알아본다.

- **8장, 쿼드콥터 제작 3: 비행 제어** 비행 컨트롤러와 전자변속기를 이용해 비행중인 드론을 제어하는 방법을 소개한다.

- **9장, 드론 제작자의 작업대** 이 책에서 다루는 드론 제작에 필요한 다양한 공구를 알아본다.

- **10장, 쿼드콥터 제작 4: 전원 시스템** 전원 공급장치의 제작에서부터 전원을 어떻게 모터에 전달해야 하는지에 대한 내용을 포함한 아주 중요한 주제인 쿼드콥터의 전원 계통에 대해 알아본다.

- **11장, 수상 드론 프로젝트** 간단히 페트병으로 만드는, 원격 조정이 가능한 수상 드론 제작 과정을 살펴본다.

- **12장, 쿼드콥터 제작 5: 액세서리** 자작 혹은 구입이 가능한 카메라 마운트 등과 같은 다양한 액세서리에 대해 알아본다.

- **13장, 로버 제작** RFID 태그를 항법장치로 활용하는 차량형 로봇제작 방법을 알아본다.

- **14장, 쿼드콥터 제작 6: 소프트웨어** 비행조정 소프트웨어와 오토파일럿 펌웨어에 대해 알아보고 쿼트콥터 프로젝트에서 사용하는 오토파일럿 소프트웨어의 안팎을 살펴본다. 이 장에서 쿼드콥터 제작을 완료한다.

- **용어사전** 이 책에서 사용하는 다양한 용어의 의미를 알아본다.

독자의견과 정오표

이 책이나 프로젝트에 관한 문의사항이 있거나 나의 다른 책에 관해 문의를 하고 싶은 경우에는 페이스북 주소 www.facebook.com/baichtal로 문의해주기 바라며 nerdyjb@gmail.com으로 이메일을 보내거나 트위터 @johnbaichtal로 연락하는 것도 가능하다.

한국어판에 관한 질문은 이 책의 옮긴이나 에이콘출판사 편집팀(editor@acornpub.co.kr)으로 문의해주길 바란다. 정오표는 에이콘출판사의 도서 정보 페이지 http://www.acornpub.co.kr/book/diy-drone에서 관련 내용을 찾아볼 수 있다. 행운을 빌며 즐거운 드론 제작이 되기를 바란다.

1장

드론의 역사

운전사가 없는 자동차나 조종사가 없는 비행기 등 컴퓨터가 사람을 대신하는 운송기관을 상상해 보자. 여러분이 상상하고 있는 바로 그것이 드론이다.

　드론 관련 뉴스는 요즘 들어 자주 들을 수 있다. 특히 전쟁터에서 무인 항공기 UAV, Unmanned Aerial Vehicle가 지구 반대편에 있는 사람의 지령에 따라 목표에 미사일을 발사하는 영상은 꽤 자주 등장한다. 그러나 모든 드론이 전쟁에서만 사용되는 것은 아니다. 평화의 목적으로 사용하는 드론도 존재한다.

미항공우주국 NASA의 예산이 삭감되면서 NASA는 원격조종 탐사로봇 개발에 집중해왔다. 최초의 화성 로버rover(그림 1.1)[1]가 바로 그것이다. 이 원격조정 차량은 NASA 기술자들의 기대보다 훨씬 훌륭하게 작동했다.

그림 1.1 화성 로버의 상상도 (출처: NASA/JPL/코넬대학교)

정부기관에서 드론을 사용하는데, 아마추어들이 드론을 이용할 수 있을까? 물론 가능하다. 평범한 취미가나 자영업을 하는 사람들이 스스로 드론을 만들어 사용하기도 한다. 예를 들어 와인 양조업자들은 카메라가 달린 쿼드콥터quadcopter(프로펠러가 4개 달린 소형 헬리콥터)를 띄워 집에서 멀리 나가지 않고 포도

---

1 최초의 화성 로버는 마스패스파인더 탐사선의 소저너(Sojorner)이며 그림 1.1은 그 이후에 착륙한 큐리오시티와 오퍼큐니티의 상상도이다. – 옮긴이

나무 잎의 상태를 살펴보는 경우도 있고 어떤 사업가는 이와 유사한 쿼드콥터를 이용한 항공촬영 사업을 하여 더 이상 커다란 크기의 실물 헬리콥터가 필요 없게 만들기도 하였다. 아마존을 비롯한 몇몇 업체들은 드론을 이용한 배달을 구상 중이다.

이 책은 가속도계가 탑재된 로켓, 수중 드론, 알루미늄 풍선으로 만든 비행선 로봇과 같은 간단한 드론 제작 프로젝트를 통해 최신의 쿼드콥터, UAV, 무인 잠수정ROV, Remote Operated Vehicles과 관련 기술에 대해 소개하는 데 그 목적이 있다.

이와 동시에 쿼드콥터의 제작 방법에 대해 자세히 알아보고, 스스로 만들어보면서 더 잘 제작할 수 있는 방법에 대해 공부한다.

드론이란 무엇인가?

일단 분명히 짚고 넘어가야 할 점은 '드론'의 정의가 그리 명확하지 않다는 것이다.

드론이라는 명칭은 원격에 있는 여왕벌이 시키면 묵묵히 그 역할을 수행하는 꿀벌의 일벌Honeybee drones에서 비롯되었다. 프로그램이 들어 있는 마이크로컨트롤러를 탑재하여 오토파일럿으로 활용하는 로봇항공기도 이와 유사하다.

드론으로 설명되는 기계에 대해 두 가지 의견이 있다. 첫 번째, 드론은 조작자가 원하는 만큼 마음대로 움직일 수 있는 자율 로봇이라는 점이다. 별도의 조작이 없는 경우에는 오토파일럿이 조종하게 된다. 이러한 특징으로 인해 이론적으로는 한 명의 조종사가 다수의 기기를 통제하는 것이 가능하다. 그러나 필요한 경우에는 조종사가 오토파일럿 기능을 해제하고 조종할 수 있다.

두 번째는 쿼드콥터 및 헬리콥터와 같은 비행체를 의미한다. 이런 비행체들은 자동화되어 있지 않으며 RC(무선조종)를 통해 조작되는 모델이 대부분임에도 불구하고 일반적으로 드론으로 부른다. 이 두 가지 정의가 합쳐진 이유는 아마도 멀티로터가 오토파일럿 비행이 가능하며 마이크로컨트롤러 기반의 자동 비행이 가능한 플랫폼이기 때문이라 생각한다.

취미가들은 이미 많은 수의 드론을 날리고 있으며, 드론으로 할 수 있는 다양한 게임을 통해 경쟁하기도 하며, 카메라나 기압계 센서, 초음파 거리측정 센서를 장착하기도 한다. 이와 한편으로 아주 큰 교육시장이 생겨, 청소년이나 어린 이들이 레고 마인드스톰이나 VEX 등으로 자동화된 로봇을 만들기도 한다.

우리는 이러한 멋진 현상 속에 이미 들어와 있으며 또한 일부분이 될 수 있다. 이제 드론을 함께 만들어 보자.

영역에 따른 드론의 종류

드론의 종류는 어느 영역에서 활동하느냐에 따라 구분할 수 있다.

- 무인 항공기UAV
- 무인 잠수정ROV
- 로버Rover

이 세 가지 종류의 드론에 대해 하나씩 살펴보자.

무인 항공기

무인 항공기는 드론 비행기나(그림 1.2에 나와 있는 프레데터가 그 예라 할 수 있다) 헬리콥터를 의미한다. 대체로 날아다니는 것들을 UAV라 한다. 취미가들에게 가장 인기 있는 UAV는 쿼드콥터이며 매우 유명하기 때문에 이 책에서는 이런 종류의 UAV에 초점이 맞춰져 있다.

그림 1.2 드론의 일종인 프레데터는 일반 대중에게 드론이 무엇이며 어떤 역할을 할 수 있는지에 대해 알려주었다 (출처: 미 공군)

대체로 RC 조종기에서 생성된 전파 신호를 통해 UAV를 조종하는 것이 일반적이나 와이파이Wi-Fi나 핸드폰 기술을 이용하여 통신을 하기도 한다. 또한 GPS 수신기를 탑재하여 지도상에서 비행 궤적을 추적하는 것도 가능한 경우가 있다.

무인 잠수정

원격조정 무인 잠수정은 수중 드론이라 할 수 있다. 물 속에서는 전파가 급격히 약해지기 때문에 전파 대신 유선으로 배나 잠수함 등과 연결한다. ROV는 수년 간 해양탐사 분야에서 활용되어 왔으며 그림 1.3에서 그 사례를 볼 수 있다.

그림 1.3 Open ROV가 난파선을 조사한다 (출처: OpenROV)

로버

로버는 특별한 기능이 있는 RC 자동차이다. 센서를 이용하여 장애물을 감지해 가면서 지상에서 움직인다. 로버에는 그림 1.4와 같이 탱크의 무한궤도 혹은 울퉁불퉁한 타이어를 장착하여 거친 지형에서도 움직이는 것이 가능하다. 지상에서 움직이는 만큼 초음파나 RFID, 충격센서 등을 활용하여 진로를 정하는 것이 가능하다. 13장에서 로버를 직접 만들어 보자.

그림 1.4 카메라가 달린 로버에 험로 주행을 위한 오프로드용 타이어를 장착했다
(출처: 제프리 아리론스(Geoffrey Irons)

드론의 구조

집에서 만든 드론은 각각의 차이점이 있을 것이지만 대부분 공통적인 요소가 존재한다. 다음에 나열한 부품은 쿼드콥터에서 일반적으로 사용되는 것들이다. 그림 1.5를 보면서 프로젝트를 진행할 때 각 부품이 어디에 부착되는지 살펴보자

A. **프로펠러**: 쿼드콥터의 프로펠러는 보통 정방향으로 회전하는 1쌍 그리고 역방향으로 회전하는 1쌍의 프로펠러로 구성된다.

B. **모터**: 쿼드콥터는 직류 혹은 교류 모터를 사용한다. 매우 다양한 종류와 가격대의 제품이 나와 있으며 지갑이 넉넉한 경우라면 프리미엄 제품을 사용하는 것도 나쁘지 않다. 6장에서 취미가를 위한 몇 가지 종류의 모터에 대해서 알아볼 것이다.

C. **전자변속기(ESC)**: ESC는 브러시리스brushless 모터 작동을 위해 직류를 교류로 바꿔주는 역할을 하며 또한 모터에 전기를 공급한다.[2] 각 모터마다 하나의 ESC가 필요하다. 모터의 특성을 변경하기 위해 ESC의 셋팅값을 바꾸는 것도 가능하다. 예를 들어 모터가 갑자기 멈추는 것을 서서히 멈추도록 변경하는 것이 가능하다.

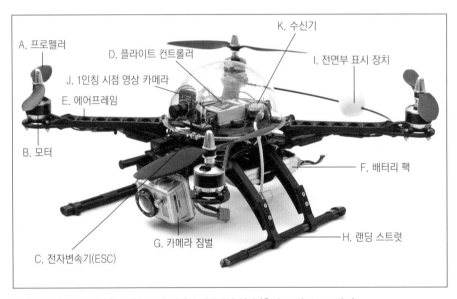

그림 1.5 쿼드콥터는 많은 수의 부품과 장비로 이루어져 있다 (출처: 스티브 로드핀크)

D. **플라이트 컨트롤러**: 플라이트 컨트롤러는 몇 가지 자동 기능을 탑재하고 있어 수동 비행에 도움을 준다. 예를 들어 플라이트 컨트롤러에 내장된 기울기 센서는 드론의 수평을 유지시켜준다. 어떤 플라이트 컨트롤러의 경우 쿼드콥터가 조정 범위에서 벗어나게 되는 경우 미리 지정된 경로를 따라 비행할 수도 있다.

---

2 브리시드 모터용 ESC도 있다. - 옮긴이

E. **에어프레임**: 드론 섀시의 올바른 표현이 에어프레임이다. 에어프레임은 모터 붐motor boom이나 전자 부품을 장착하는 플랫폼 등 몇 개의 부품으로 이루어져 있다.

F. **배터리 팩**: LiPo(리튬 폴리머) 배터리를 주로 사용한다. 배터리를 모터를 구동시킬뿐만 아니라 드론에 탑재된 각종 전자기기를 작동시킨다.

G. **카메라 짐벌**Camera gimbal: 동영상 카메라를 장착하여 회전시켜 주는 장치. 서보 모터가 장착되어 있어서 비행 중 카메라의 각도를 변경할 수 있다.

H. **랜딩 스트럿**Landing struts: 쿼드콥터의 바닥에 카메라 짐벌이나 다른 장비를 장착할 경우 드론과 지면 사이를 띄워주는 다리 역활을 해주는 랜딩 스트럿이 필요하다. 바닥에 짐벌 등이 장착되어 있지 않은 경우에는 스트럿 없이 에어프레임으로 착륙이 가능하다.

I. **전면부 표시 장치**: 쿼드콥터 조종사는 하늘에 떠 있는 비행체의 앞이 어딘지 파악하고 있어야 하지만 명확하게 알 수 없기 때문에 여러 색상의 프로펠러를 사용하든지 LED 혹은 반사체를 부착하거나 그림 1.5와 같이 색이 있는 공을 달아서 뒤쪽이 어딘지 표시하는 것과 같은 다양한 방법을 이용하여 어디가 앞쪽인지 파악한다.

J. **1인칭 시점 영상 카메라[3]**: 지상에 있는 수신장치로 보내는 영상을 촬영한다.

K. **수신기**: 이 작은 상자는 전파신호를 수신하여 플라이트 컨트롤러에 전달하는 명령으로 변환한다.

---

3 FPV 카메라라고 한다. – 옮긴이

요약

이 장에서는 드론의 정의와 기본적인 구성 그리고 드론에 필요한 다양한 부품에 대해 살펴보았다. 2장에서는 다른 사람들은 어떤 드론을 제작했는지 살펴본다. 매우 다양하고 멋진 프로젝트에 놀랄 것이다.

2장

최신 DIY 드론 소개

스스로 드론을 만들어 보고 싶은가? 대단한 생각이다. 혼자서 드론 제작을 시작하는 최고의 방법은 다른 사람들이 만든 작품을 살펴보는 것이다. 2장에서는 재야에서 멋지게 제작한 12개의 DIY do-it-yourself(스스로 만들기) 프로젝트를 살펴보도록 하자.

자전거 림[1] 쿼드콥터

이 프로젝트는 가볍도 튼튼한 재료라면 뭐든지 드론의 섀시로 사용할 수 있다는 말을 증명한다. 샘 레이Sam Ley가 제작한 이 쿼드콥터(그림 2.1)는 매우 잘 날며 몇 번의 추락에도 살아남았다.

4장에서 여러분의 선택에 따라 프레임을 구입하거나 제작하게 될텐데, 이 미친듯한 프레임을 다시 한 번 보면, 프레임 선택에 수많은 선택지가 있음을 알 수 있다.

3D 프린터로 출력한 미니 쿼드콥터

싱기버스Thingiverse(3D 프린터 업체 및 커뮤니티) 사용자인 Brendan22가 설계한 프로펠러 4개짜리 미니 드론(그림 2.2)과 3개의 붐으로 이루어져 있고 각 붐에 2개의 모터와 프로펠러를 장착한 T-6 에어프레임은 다양한 설정이 가능하다. Brendan22의 설계는 다음 웹사이트에서 확인이 가능하다.

http://www.thingiverse.com/Brendan22/

4장에서 프레임을 만들 때 고려해 볼만한 DIY 에어프레임의 다른 예라고 할 수 있는데 이렇게 자유롭게 사용할 수 있는 설계를 활용하면 스스로 에어프레임을 만들 때 걸리는 시간을 많이 줄일 수 있다. 물론 3D 프린터를 가지고 있어야 한다!

---

1 자전거 바퀴 테 – 옮긴이

그림 2.1 샘 레이는 주변에 있는 물건을 이용하여 쿼드콥터의 에어프레임으로 활용했다
(출처: 샘 레이[CC-A])

그림 2.2 에어프레임 설계에 관한 아이디어가 있다면 그냥 프린트하는 것도 좋은 방법이다
(출처: Brendan22)

빨래줄 레이서

마이크 호드_{Mike Hord}가 제작한 자율운행 로봇은 빨래줄이나 케이블을 따라 그 끝까지 갔다가 다시 반대로 돌아온다. 매우 간단하지만 일종의 드론임에는 분명하다. 가장 기본적인 제어 시스템을 갖추고 있는데, 초음파센서가 마이크로컨트롤러에 모터의 회전 방향을 언제 바꿀지 알려준다. 좌우로 움직이는 것은 불가능하다. 빨래줄 레이서의 모습은 그림 2.3에 나와 있다.

그림 2.3 이 자율운행 로봇은 선을 따라 앞뒤로 움직인다 (출처: Pat Arneson)

베슬

베슬Vessle[2]은 스테판 켈리Stephen Kelly, 소피안 오드리Sofian Audry, 샤무엘 오뱅Samuel St. Aubin이 진행한 프로젝트로써 수십 개의 작은 배 로봇(그림 2.4)들이 함께 연못들을 돌아다니면서 적외선과 소리를 이용해 서로 통신을 하며 마치 살아 있는 유기체처럼 움직인다. 베슬 프로젝트에 대해 조금 더 알아보고 싶으면 http://vessels.perte-de-signal.org/project/에서 확인이 가능하다.

11장에서는 컴퓨터 팬을 이용하여 움직이는 수상 드론에 대해 자세히 다룬다. 이 단순하면서도 천천히 움직이는 보트는 제작이 매우 간단하여 집 뒷마당에서 가지고 놀기 좋다.

그림 2.4 사진에 있는 자동화 로봇은 마치 살아있는 생물처럼 움직인다 (출처: Beatriz Orviz, LABoral)

---

2 원해 함선이라는 의미를 가지고 있다. 여기에서는 프로젝트명으로 사용했기 때문에 원래의 발음으로 표기한다.
   – 옮긴이

무선조종 비행선

아이다호 주립대학의 로봇공학 교수와 학생이 제작한 비행선은 프로펠러가 달린 2개의 DC 모터를 사용하고 각 DC 모터의 각도를 서보모터를 통해 독립적으로 제어가 가능하다(그림 2.5). 조종사는 특별히 제작한 컨트롤러를 이용하며 비행선의 곤돌라 부분에 위치하고 있는 XBee 무선 카드를 통해 상호 통신이 가능하다. 이 프로젝트에 관한 자세한 내용은 http://www.thingiverse.com/thing:98815를 참고한다.

7장에서는 레이저로 절단한 나무를 이용하여 곤돌라를 만들어 그 안에 모터와 수신기를 탑재한 비행선을 직접 만들어 본다.

FPV 쿼드콥터

스티브 로드핀크Steve Lodefink가 제작한 멋지게 생긴 드론은 이 사진을 찍은 바로 다음의 비행에서 문제가 발생하여 추락하여 땅에 충돌해버렸기 때문에(그림 2.6), 다시는 저런 모습을 보여줄 수 없다. 여기에는 두 개의 카메라가 장착되어 있는데 하나는 저해상도의 FPV(1인칭 시점 영상용) 카메라로써 전파를 이용하여 영상을 전송하며 다른 하나는 고해상도 사진을 위해 장착한 GoPro2 카메라이다.

이렇게 아름다운 드론은 왜 이 장르가 인기 있는지 잘 보여주고 있다. 우리는 이 책의 전반을 통해 쿼드콥터(스티브의 것보다는 조금 더 단순한)를 제작해 볼 것이다.

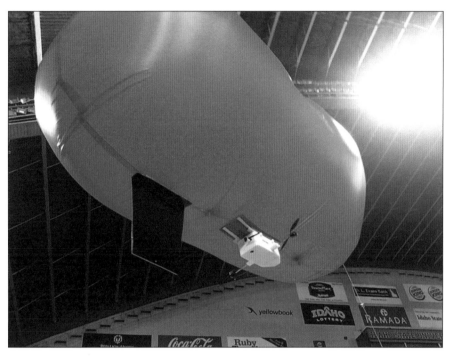

그림 2.5 이 비행선에는 3D 프린터로 제작한 캐빈이 장착되어 있다 (출처: Geran Cell)

그림 2.6 이 멋진 쿼드콥터는 전원이 끊어지면서 지면과 충돌했다 (출처: 스피드 로드핑크)

오픈 RC 트라이크

그림 2.7에 나와 있는 트라이크Trike[3]는 3D 프린터를 출력한 몸체와 바퀴를 사용하고 있으며 앞바퀴를 서보로servo 움직여 방향을 전환하고 모터와 연결된 뒷바퀴로 구동한다. 기존의 RC 부품을 통해 조향과 구동을 제어한다. 설계 도면은 http://www.thingiverse.com/thing:499130에서 찾아볼 수 있다.

그림 2.7 사진에 나온 RC 트라이크는 3D 프린터로 출력한 섀시를 사용한다 (출처: cupidmoon)

지상에서 움직이는 드론을 로버라고 한다. 13장에서 로버를 제작한다. 로버는 비행 드론과는 완전히 다른 핵심 고려사항과 도전과제가 있으며 제작 과정이 매우 즐겁다.

---

3 3륜 모터사이클 – 옮긴이

접이식 쿼드콥터

로저 뮬러Roger Mueller는 자신의 쿼드콥터 프레임이 쉽게 접힐 수 있도록 설계하고, 프린트하여서 산책할 때 가지고 다닐 수 있게 하였다. 그림 2.8은 그의 쿼드콥터가 20미터 상공에서 추락한 직후의 모습인데 착륙 스트럿이 부러진 것을 제외하고는 멀쩡하였다. 설계 도면은 Thingivers.com(http://www.thingiverse.com/thing:71972)에서 찾을 수 있다.

드론의 제작 및 설계시에는 드론이 추락한다는 점을 반드시 고려해야 한다. 대부분의 드론이 한 번 이상 추락한 적이 있을 것이다. 12장에서는 트론이 추락할 때 충격을 감소시켜 줄 수 있는 낙하산이나 플라스틱 곤돌라에 대해서 자세히 알아본다.

그림 2.8 로저 뮬러의 접이식 쿼드콥터는 착륙 스트럿이 부러지긴 했지만 추락에서 살아남았다
(출처: 로저 뮬러)

미니 쿼드콥터

그림 2.9에 나와 있는 스티브 돌Steve Doll 제작의 "SK!TR" 쿼드콥터는 크기가 손바닥만하며 (모터 붐은 제외한 크기) OpenPilotCopterControl(openpilot.org)이라는 오픈소스 기반의 비행용 스테빌라이저를 장착하였다. 스티브 돌은 쿼드콥터 가게(hovership.com)를 운영하고 있으며 이곳에서 모터, 에어프레임, 완성품 등을 판매한다.

8장에서는 플라이트 컨트롤러라고도 하는 몇 가지 종류의 오토파일럿에 대해서 알아보고 직접 제작할 쿼드콥터에 컨트롤러를 장착해 본다.

그림 2.9 스티브 돌의 SK!TR 쿼드콥터는 도시락통에 넣을 수 있을 정도로 작다 (출처: 스티브 돌)

3D 프린터로 제작한 RC 보트

미첼 크리스토Michael Christou가 제작한 3D 프린터 출력의 보트는 프로펠러, 임펠러 혹은 다른 종류의 추진기관을 이용해 물 위를 주항한다. 은퇴한 엔지니어인 미첼은 자신의 창의력을 발휘하여 그림 2.10과 같은 멋진 보트를 설계하였다. http://www.thingiverse.com/thing:272132에 방문하면 좀 더 자세한 내용을 볼 수 있다.

그림 2.10 미첼 크리스토의 RC 보트 설계 도면을 다운로드해서 출력할 수 있다 (출처: 미첼 크리스토)

트라이콥터

그림 2.11의 탄소섬유로 제작한 UAV는 아주 저렴한 오픈소스 보드인 멀티위 MultiWii 플라이트 컨트롤러로 제작하였다. 쿼드콥터와는 달리 트라이콥터Tricopter 의 모터 3개 중 하나는 고정이 되어 있지 않다. 꼬리쪽에 있는 모터는 서보를 통해 움직이게 되어 있으며 이로 인해 비행 성능이 매우 좋다. 그리고 이 트라이콥터의 전면부에는 고프로[4]를 장착할 수 있는 마운트도 장착되어 있다. 좀 더 자세한 내용은 http://theboredengineers.com/2013/07/the-tricopter/에서 찾아볼 수 있다.

이 트라이콥터 프로젝트를 통해 멀티콥터에도 다양한 종류가 있다는 것을 알수 있다. 우리가 흔히 생각하는 쿼드콥터 이외에도 프로펠러가 6개나 8개인 멀티콥터는 물론 3개 있는 것도 존재한다.

그림 2.11 트라이콥터는 방향을 바꿀 수 있는 세 번째 모터에 의해 비행 성능이 매우 좋다
(출처: theboredengineers)

---

4 고프로(GoPro) 사의 Action CAM – 옮긴이

메카넘 휠 로버

로버는 바퀴로 땅 위를 굴러가므로, 바퀴는 매우 중요하다. 그림 2.12에 있는 3D 프린터로 출력한 로버에는 모터로 구동되는 휠 주위에 무동력의 작은 휠이 배열되어 있는 스포츠 메카넘Mecanum 휠이 장착되어 있어 어느 방향으로든지 자유롭게 로버가 움직일 수 있다. 이 로버는 Chumby One 마이크로컨트롤러로 제어된다. 좀 더 자세한 내용은 http://www.thingiverse.com/thing:5681에서 확인이 가능하다.

13장에서는 다양한 종류의 휠과 각각의 장단점에 대해서 알아본다. 휠은 쿼드콥터 조종사가 프로펠러를 선택하는 것만큼 로버 제작자에게 매우 중요하다. 하지만 좋은 소식은 세상에는 매우 다양한 종류의 선택지가 있다는 점이다.

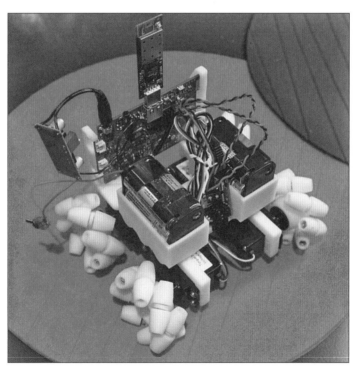

그림 2.12 이 로버에는 메카넘 휠이 장착되어 있어 어떤 방향으로든 이동이 가능하다 (출처: Madox)

요약

이번 장에서는 주위에서 진행되고 있는 다양하고 멋진 프로젝트에 대한 느낌을 전달하고자 하였고 쿼드콥터, 보트, 비행기, 자동차 등을 포함한 다양한 종류의 드론에 대해 배울 수 있었다.

3장에서는 2장에서 살펴본 것과 비슷하지만 좀 더 정교한 드론 키트와 완제품에 대해 알아본다.

3장

상용 드론과 키트

드론을 갖는 가장 쉬운 방법은 역시 완제품을 구입하는 것이다. 완제품의 경우 구입해서 바로 비행할 수 있다는 장점이 있다. 그러나 완제품을 구입하는 경우에는 전자장비나 로봇 제작 등에 관해서 배우기는 어렵다. 완제품 대신 키트를 구입할 수도 있다. 키트 구입은 완전 자작과 완제품 구입의 중간 형태라고 할 수 있으며 다양한 부품을 서로 연결해 보는 기회를 가져볼 수 있기 때문에 각각의 부품 및 서로 연결하는 방법에 대해 배울 수 있다.

패럴랙스 ELEV-8 쿼드콥터

ELEV-8(P/N MKPX23)은 쿼드콥터로의 세계로 인도하는 패럴랙스ₚₐᵣₐₗₗₑₓ 사의 엔트리급 쿼드콥터이다. 패럴랙스 사는 PBX32A 칩을 이용한 프로펠러라는 이름의 마이크로컨트롤러를 만들고 있으며 ELEV-8에도 이와 동일한 플라이트 컨트롤러가 사용되며 또한 패럴랙스 사의 다른 부품들도 사용된다.

ELEV-8은 그림 3.1에서 볼 수 있듯이 깔끔하게 설계되었다. 각종 전선과 집타이는 속이 비어 있는 붐 안쪽으로 넣었으며 전자변속기(ESC)는 몸체를 이루고 있는 두 개의 판 사이에 넣었다(그림 3.2).

그림 3.1 ELEV-8은 전선이 잘 보이지 않게 처리한 깔끔한 모양새가 도드라진다 (출처: 패럴랙스)

패럴랙스 제품에는 배터리 팩과 RC 송수신기가 포함되어 있지 않기 때문에 비행을 위해서는 별도로 준비해야 한다. 뒤에서 따로 설명하겠지만 패럴랙스 사에서는 특정한 리튬이온 배터리 사용을 권장하고 있으며 거의 모든 종류의 RC 송수신기를 사용할 수 있다고 말한다.

마지막으로, 패럴랙스 사에서는 쿼드콥터 비행에는 고급 기술이 필요하기 때문에 우선 RC 비행기의 경험을 쌓는 것을 권장한다.

그림 3.2 ELEV-8은 조종이 어렵다 (출처: 패럴랙스)

ELEV-8의 특징은 다음과 같다. 다음 항목을 그림 3.3에 있는 키트 부품과 천천히 비교해 본다.

- **프레임:** 플라스틱 판과 커넥터가 있는 알루미늄 튜브

- **착륙 스트럿:** 플라스틱

- **모터:** 1000kV짜리 4개[1]

- **전자변속기:** GemFan 30A

- **플라이트 컨트롤러:** 호버플라이 오픈 플라이트 콘트롤 보드가 키트에 포함되어 있다.

- **전원:** 키트에는 배터리가 포함되어 있지 않다. 3300mAm, 3셀짜리 리튬폴리머 전지 사용을 권장한다.

- **가격:** 400불~550불

- **URL:** http://www.parallax.com/product/elev-8

---

1 RC 모터에서 kV는 볼트당 회전 속도를 의미하며 1000kV짜리 모터에 11.2V 전압을 걸면 최대 11200RPM으로 회전한다. - 옮긴이

그림 3.3 ELEV-8은 조립이 어렵지만 제작하는 보람이 있는 키트다 (출처: 패럴랙스)

DJI 팬텀 2 비전+

DJI 팬텀은 다양한 설정이 가능한 고급 완제품이며 가격대는 580불에서 1300불이고 이 중에서 전동 짐벌이 포함되어 원하는 방향으로 카메라를 움직일 수 있는 비전+(그림 3.5)가 최상위 제품이다.[2]

---

2 2015년 현재, 팬텀 3가 판매되고 있으며 4K 동영상 촬영이 가능한 프로패셔널 제품이 가장 상위 기종이다.
 – 옮긴이

그림 3.4 DJI 팬텀은 외형이 미려하고 구매 후 바로 비행이 가능하다 (출처: DJI)

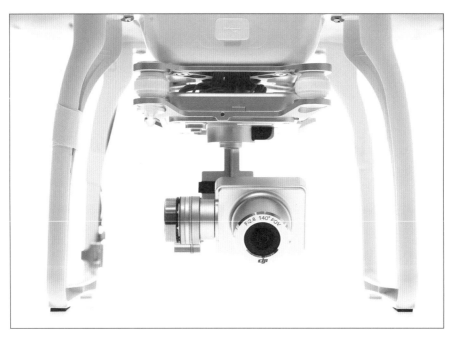

그림 3.5 비전+는 그 이름처럼 카메라가 장착된 짐벌이 기본적으로 탑재되어 있다 (출처: DJI)

팬텀은 다른 쿼드콥터에 비해 좀 더 많은 조작성을 제공하며 비전+는 5.8GHz 대의 주파수를 사용하는 조종기를 제공한다.[3] 조종기에는 스마트폰 홀더가 준비되어 있어 조종기의 스틱은 물론, 스마트폰 앱을 이용하여 팬텀을 조종하는 것도 가능하다.

또한 비전+는 그림 3.6과 같이 아름다운 외관은 물론 붐에 LED 조명이 부착되어 있어 아주 매력적이다.

그림 3.6 팬텀의 독특한 LED는 쿼드콥터 자체에 빛이 나게 하는 역할뿐만 아니라 조종사에게 어디가 전방인지 알려주는 역할을 한다 (출처: DJI)

DJI의 팬텀 2 비전+의 사양은 다음과 같다.

- **프레임:** 금속과 알루미늄
- **모터:** T-Motor MN2214 920kV 브러시리스 아웃러너 4개 사용

---

3 보통 RC 송수신기는 2.4GHz를 사용한다. - 옮긴이

- **전자변속기:** DGI 컨트롤러

- **플라이트 컨트롤러:** DJI NAZA 오토파일럿

- **전원:** 5200mAh LiPo 배터리

- **가격:** 579불~1229불

- **URL:** http://www.firstpersonview.co.uk/quadcopters/dji-phantom-2-vision-plus

OpenROV

이전에 ROV라고 하는 원격조정 잠수정에 대해 언급한 적이 있다. DIY 무인 잠수정 중 가장 좋은 예가 여러 호수와 바다에서 테스트를 거친 오픈소스 세미프로 ROV인 OpenROV이다(그림 3.7). 이 제품은 또한 동굴, 난파선, 남극빙하의 탐사는 물론 이보다는 덜 로맨틱하지만 선박의 선체와 같은 수중 구조물의 검사와 같이 전문 다이버가 필요한 곳에도 사용되었다.

그림 3.7 OpenROV는 조종사가 수면에서 조종하는 소형 잠수정이다 (출처: OpenROV)

OpenROV는 3개의 모터와 방수 처리가 되어 있는 제어회로로 구성되어 있다. 물 속에서는 전파가 잘 통하지 않기 때문에 잠수하는 동안에는 노트북 PC와 ROV를 잠수정을 긴 전선으로 연결해야 한다.

조종사는 잠수정에 장착되어 있는 웹캠을 통해 주위를 보게 되며 브라우저 애플리케이션을 잠수정을 조종하게 된다. 또한 물 속은 어두울 수 있기 때문에 잠수정에 한 쌍의 LED 조명을 설치하여 헤드라이트로 사용한다.

OpenROV 키트(그림 3.9)에는 다음과 같은 부품이 포함되어 있다.

- **프레임:** 레이저 절단 아크릴
- **모터:** 그루푸너Graupner 사의 고효율 수중 프로펠러가 장착된 브러시리스 DC 모터 3개
- **전자변속기:** FalconSEKIDO 브러시리스 모터용 전자변속기 3개
- **콘트롤:** OpenROV에는 비글본블랙BeagleBone Black과 아두이노 메가Arduino Mega 를 연결하여 지상과 통신한다.
- **전원:** 배터리 미포함. 6개의 'C' 리튬 셀이 필요하다.
- **가격:** 키트 899불, 완성품 1450불
- URL: openrov.com

그림 3.8 OpenROV는 유선 연결을 통해 로봇에 명령을 전달한다 (출처: OpenROV)

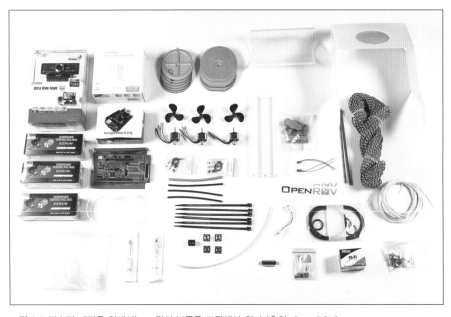

그림 3.9 잠수정 제작을 위해서는 그림의 부품을 조립해야 한다 (출처: OpenROV)

액토보틱스 노마드

액토보틱스Actobotics는 그림 3.10에서 보이는 것과 같은 구멍이 뚫린 빔이 상징인 키트 제품이다. 액토보틱스의 최신 로봇인 노마드Nomad는 여러 센서와 콘트를 시스템을 별도로 구입하여 꾸며주어야 한다. 즉, 마이크로컨크롤러와 제어 시스템이 있는 키트를 구할 수 없다는 의미이다. 섀시를 꾸미고 바퀴와 모터를 장착한 뒤의 모든 작업은 철저히 스스로 해결해야 한다.

그림 3.10 노마드에는 섀시와 모터만 포함되어 있다. 여기에 마이크로컨트롤러와 배터리를 추가하자

작은 로봇의 체구에 비해 커다란 바퀴를 장착하고 있으며 가장 커다란 섀시 부품의 길이는 1피트 정도이다. 각 바퀴의 크기는 지름이 5인치이며, 두께는 2인치 이상으로써 장애물 주파에 유리하다. 그림 3.11에서 확인해보자.

그림 3.11 노마드는 아주 흥미로운 오프로드용 섀시이다

노마드를 움직이기 위해서는 키트와 별도로 배터리와 모터 컨트롤러 및 기타 자재들을 별도로 준비해야 한다. 키트를 조립해서 바로 작동시키고자 한다면 별도의 부품에 대한 준비 없이 노마드를 구입하면 안 된다. 로버를 시작하기에는 참 좋은 제품이며 구조가 매우 튼튼하게 되어 있어(그림 3.12) 뒷마당에 있는 어떠한 지형이라도 탐험이 가능하다.

노마드의 사양은 다음과 같다.

- **프레임**: ABS로 감싼 알루미늄 사출

- **모터**: 12V, 313-RPM 직류 모터 4개

- **바퀴**: 오프로드 타이어

- **ESC**: 미포함

- **콘트롤 시스템**: 미포함

- **전원**: 미포함

- **가격**: 280불

- URL: https://www.sparkfun.com/actobotics 혹은 https://www.servocity.com/html/actoboticstm.html

그림 3.12 거친 타이어는 험난한 지형을 통과할 때 유용하다

브루클린 에어로드롬 플랙

브루클린 에어로드롬Brooklyn Aerodrome은(brooklynareo.com) 뉴욕시에 있는 RC 비행기 제작 그룹으로써 밝은 색상의 가정용 단열재 폼을 주 재료로 이용한다(그림 3.13). 전기 모터를 추진력으로 이용하며 서보를 이용하여 조종면을 움직인다. 플랙Flack은 부담 없이 날리기 좋다. 기체가 폼으로 제작되어 있어 수리가 쉽기 때문이다. 추락해서 폼이 부서지면 전자 부품이 놓여 있는 데크만 분리해서 새로운 날개로 옮기기만 하면 된다.

　플랙의 초기 키트 가격은 100불 정도였지만 현재는 좀 더 향상된 전자장비와 학습용 서적을 포함하여 초기 가격의 약 두 배를 지불해야 한다. 저렴한 RC 프로젝트를 시작해볼 생각이 있다면 이 책은 상당히 도움이 된다.

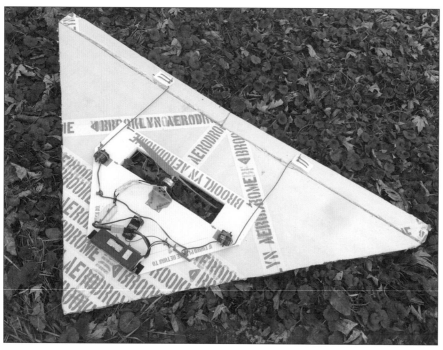

그림 3.13 브루클린 에어로돔 플랙은 누구나 만들 수 있는 저렴한 RC 비행기이다

60

플랙 키트에는(그림 3.14에서 부분적으로 조립된 플랙을 볼 수 있다) 배터리, 컨트롤러와 수신기, 모터, 수리용 부품을 포함한 모든 필요 부품들이 포함되어 있다. 또한 집 타이(그림 3.15)와 같이 경량의 재료를 사용하지만 충분한 강도를 유지한다.

그림 3.14 키트 제품으로만 판매되기 때문에 구매자가 직접 조립해야 한다

플랙의 사양은 다음과 같다.

- **프레임**: 폼이 내장된 코로플라스트coroplast[4] 소재의 날개. 키트 안에 여분이 몇 개 들어 있으며 스스로 만드는 것도 가능하다.
- **모터**: 1800kV HiModel 아웃러너 브러시리스 모터 1개, TG9E 마이크로 서보 2개

---

4 골판지 모양의 플라스틱 소재 – 옮긴이

- **ESC:** 브랜드 없는 18A 전자변속기

- **프로펠러:** 9×9 저속 기체용 프로펠러

- **플라이트 콘트롤:** 하비킹 HK-T6A 컨트롤러와 수신기

- **전원:** 터니지Turnigy 1800mAh LiPo 배터리

- **가격:** brooklynaero.com에서 199불, makershed.com에서 249불

- **URL:** http://www.brooklynaerodrome.com/

그림 3.15 플랙은 양면 테이프나 집 타이처럼 가벼운 재료를 사용하여 조립이 가능하도록 되어 있다

요약

이번 장에서는 5개의 뛰어난 드론 제품에 대해서 알아보았다. 제품에 따라 키트 혹은 완성품의 형태로 판매되고 있으며 각각의 제품 모두 독특한 도전 및 학습 요소를 포함한다. 여기까지 넓은 범위의 제품과 키트를 살펴보았으니 이제는 스스로 만들어 볼 차례이다. 다음 장에서는 프레임을 선택하는 것에서부터 시작하여 본격적으로 쿼드콥터를 만들어 볼 것이다.

4장

쿼드콥터 제작 1: 에어프레임 선택

쿼드로터quadrotor 혹은 쿼드콥터라고 하는 프로펠러가 4개 달린 헬리콥터(그림 4.1)를 제작하는 것이 이 책의 메인 프로젝트다. 섀시 즉 항공용어로 에어프레임을 선택함으로써 프로젝트를 시작하게 된다.

이번 장은 몇 개의 섀시의 소개와 함께 시작되는데 결국 (스포일러 주의!) 나의 경우에는 볼트를 체결해서 조립하는 메이커빔MakerBeam 사의 알루미늄 빔 형태의 제품을 선택하게 되었으며 여기에 나무판으로 상판을 제작하여 쿼드콥터의 마이크로컨트롤러, 배터리 팩 및 기타 전자 부품을 수납할 수 있도록 하였다.

메이커빔 사의 제품을 조립에 들어가기 전에 이밖에 고려해 볼만한 다른 상용 제품이나 DIY의 가능성에 대해서 살펴보기로 한다. 전부 살펴본 이후에 본격적으로 메이커빔 에어프레임을 조립해보자.

어떤 에어프레임을 고를 것인가?

드론이나 로봇의 에어프레임은 재미있는 면이 있다. 에어프레임의 역할이라는 것이 기본적으로는 단순히 부품들을 붙잡고 있는 역할을 하고 있기 때문에 적당히 튼튼하고 강하며 가벼운 소재라면 그 어떤 것도 섀시로 제작할 수 있기 때문에 장난기를 발휘해서 잡다한 것들을 활용해 볼 수도 있을 것이다. 2장을 다시한 번 살펴보자.

에어프레임은 목재는 물론 플라스틱 제품이나 금속 제품도 존재한다. 소재가 적당히 강하면서 가볍다면 볼트로 연결해서 섀시로 만들어 보자. 이렇게 만든 섀시의 성능이 가끔 좋을 때도 있다.

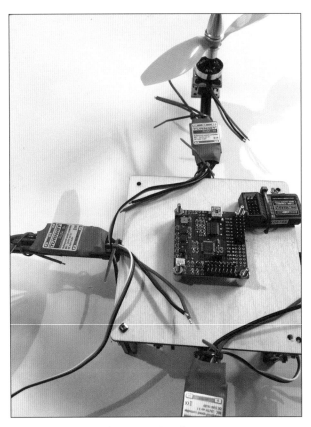

그림 4.1 이런 쿼드콥터를 직접 만들어 보자!

예를 들어, 그림 4.2에 있는 패럴랙스 사의 ELEV-8 쿼드콥터의 경우, 가벼운 알루미늄 튜브를 모터 붐으로 사용하며 이와 연결되는 플라스틱에 키트에 딸려 오면 모터 등의 각종 부품을 탑재하도록 설계되어 있다. 기대했던 것과 같이 모든 부품이 잘 들어 맞는다.

상용 에어프레임이 제공하는 2가지의 장점은 편리한 호환성과 좀 더 멋진 외관이라 할 수 있다. 다음 장에서는 몇몇 상용 프레임 제품을 살펴보고 어떤 제품을 구매할지 고민해 본다.

그림 4.2 패럴랙스 사의 ELEV-8은 플라스틱과 알루미늄으로 제작되어 가벼운 것이 특징이다

상용 제품 중에 선택

에어프레임 선택에 있어서 고려해야 할 사항을 알아보자. 다음 목록에 나와 있는 내용에 대해서 고려해볼 필요가 있다.

- **외관**: 누구나 집에서 직접 프레임을 제작할 수 있다. 하지만 섀시 구입에 돈을 지불했다면 그 섀시는 디자인이나 만듦새에 전문가의 느낌이 배어 있어서 집 지하실에서 뚝딱 만든 것보다는 나아 보여야 한다.

- **설정**: 현재 제작을 고려하고 있는 콥터에 몇 개의 모터를 장착하는 것이 적당한가? 단순히 붐의 개수가 이 질문에 답을 줄 수는 없다. 카메라를 장착하고 싶은가? 카메라를 장착하는 위치에 따라 착륙 스트럿이 필요할지도 모른다. 가장 일반적인 형태의 프레임은 클래식한 쿼드콥터 형태로써 4개의 모터 붐과 컨트롤러와 배터리를 장착할 수 있는 중앙부 플레이트가 설치되어 있다.

- **크기**: 얼마나 큰 사이즈의 쿼드콥터를 원하는지도 고민해보자. 내가 가진 패럴랙스 사의 ELEV-8은 2피트가 넘는 대각선 길이를 가지고 있으며 이 정도면 평범한 정도의 크기라고 할 수 있다. 여러분의 프로젝트에 어떤 기능을 넣을지는 물론 어떤 사양의 모터와 프로펠러를 사용할지에 대해서 생각하고 있어야 한다. 그리고 작은 기체를 우선 만들어 보는 것을 주저하지 말자. 작은 기체의 경우 기술적인 요구사항이 작기 때문에 저렴한 모터와 부속을 사용할 수 있다.

- **소재**: 앞에서 언급했던 것처럼 가볍고 충분한 소재라면 어떤 것이라도 에어프레임으로 사용이 가능하다. 알루미늄이나 플라스틱 소재 혹은 이 둘을 함께 조합한 것이 가장 인기 있다.

- **고정 기구**: 나에게는 아주 중요한 요소이다. 부품을 쉽게 고정할 수 없는 구조의 프레임이라면 좋은 프레임이라고 할 수 없다. 경우에 따라 모터를 프레임이 장착할 때 특별한 플레이트를 장착해야 하는 경우도 있다만 이것도 불편하다. 때때로 덕 테이프나 집Zip 타이로 부품끼리 고정하는 경우도 있다.

- **가격**: 제품에 따라 가격차가 매우 크며 때때로 장점도 없으면서 비싸기만 한 제품들도 있다. 취미용 제품의 경우 하우징 부분에 인쇄를 멋지게 해 놓고 가격을 두 배로 받는 경우도 있다. 이런 것에는 관심을 두지 갖지 말자.

- **내구성**: 쿼드콥터에서 안 좋은 점은 추락한다는 것이다. 그것도 매우 자주! 비행 중 배터리가 소모되던가 기술적 결함이 발생하는 경우 잔디밭에 쟁기질 자국을 남기게 된다. 그렇다면 얼마나 튼튼한 드론을 만들어야 하는 것일까? 또한 내구성은 무게에도 영향을 주게 되기 때문에 절대로 부서지지 않는 쿼트콥터를 만들면 이륙을 못할지도 모르겠다. 여러 가지 고민을 해봐야 한다.

- **무게**: 마지막으로 고려해 봐야 할 점은 무게이다. 모터의 추력은 섀시의 무게를 상쇄할 수 있어야 하며 좀 더 강력한 모터와 프로펠러를 사용하고자 한다면 더 튼튼한 프레임을 사용해야 한다.

에어프레임 제작

구입하는 것은 선택사양이다. 만약 충분한 시간과 공구 그리고 재료들을 가지고 있다면 직접 프레임을 만들어보는 것이 가장 좋다. 자작을 하게 되면 용도에 맞는 완벽한 프레임을 만들 수 있으며 이를 완성했을 때 뿌듯함을 느낄 수 있다. 지금부터 에어프레임을 자작할 수 있는 3가지 기본 방법을 알아보기로 한다.

조립 키트

뭔가 직접 설계하는 대신 키트를 조립하는 경우 플라스틱이나 금속 빔 없이 쉽게 프레임을 제작할 수 있다. 대부분의 DIY 키트의 경우 양산품 대신 전용 부품을 사용하여 좀 더 쉽게 볼트로 조립할 수 있도록 되어 있다. 하지만 키트를 사용하더라도 프레임 제작이 생각보다 쉽다는 것을 배울 수 있다.

이 장에서는 그림 4.3과 같이 조립이 편리하고 잘 설계된 알루미늄 조립 키트인 메이커빔을 이용한 프레임 제작에 대해서 알아본다.

그림 4.3 사진과 같은 프레임을 제작하는 과정 하나하나에 대해 이번 장 후반에서 다룬다

3D 프린터

에어프레임 제작의 다른 선택사항은 녹인 플라스틱을 이용해서 삼차원 물체를 출력할 수 있는 3D 프린터로 출력하는 것이다. 이미 자유롭게 활용할 수 있는 쿼드콥터 부품 출력을 위한 3D 프린터 파일을 Thingiverse에서 다운로드할 수 있다. Brendan22가 설계한 그림 4.4에 있는 T-6 쿼드콥터 파일은 http://www.thingiverse.com/Brendan22/designs에서 다운로드할 수 있다.

다른 사람이 설계한 도면을 사용하고 싶지 않다면 스케치업(Sketchup.com)이나 팅커캐드(tinkercad.com)와 같은 3D 설계 소프트웨어를 이용하여 프로젝트 진행 시 필요한 부품을 직접 설계하여 소형의 3D 프린터를 이용해서 출력할 수 있다. 이러한 과정이 좀 비쌀 것 같다는 생각이 들었다면, 그건 사실이다. 3D 프린팅은 새로운 산업이며 아직은 각 가정에 들여놓을 수 있을 정도로 프린터 가격이 낮아지지 않았다. 하지만 걱정할 필요는 없다 3D 프린팅 이외에도 프레임을 만들 수 있는 방법은 아직 많이 있으니까.

그림 4.4 T-6 쿼드콥터는 3D 출력한 바디에 모두 6개의 모터를 장착한다 (출처: Brendan22)

목재

작고 가벼운 쿼트콥터를 제작할 때 가볍고 튼튼한 목재를 에어프레임으로 사용하는 것도 좋다. 많은 모형 글라이더가 아주 가볍고 가공이 쉬운 발사Balsa를 소재로 사용한다. 그러나 쿼드콥터의 경우 어느 정도의 중량을 탑재할 수밖에 없으며 목재는 강도–질량비에서 다른 소재에 비해 상대적으로 떨어진다.

목재 에어프레임의 재미있는 측면은 얇은 판재를 레이저 절단을 하여 퍼즐처럼 맞춰 끼울 수 있다는 점이다. 그림 4.5는 이런 종류의 제품을 보여주고 있다. 플론Flone이라고 하는 이 에어프레임은(http://www.thingiverse.com/thing:113497) 스마트폰으로 조종하는 쿼드콥터용으로 만들어졌다. 일단 보기에도 만들기가 쉬워 보인다. 레이저 커터가 있다면 말이다.

목재의 다른 장점은 비행하러 가서도 가공할 수 있다는 점이다. 그냥 드릴로 구멍을 내기만 하면 되니까 말이다. 상용 제품의 프레임 혹은 목재나 플라스틱 프레임과는 다르게 목재의 경우 자르거나 구멍을 내는 것이 매우 쉬우며 망쳤을 경우에는 걱정할 것 없이 레이저로 하나 더 만들면 그만이다.

그림 4.5 플론 에어프레임은 나무조각을 레이저로 잘라서 만든다. (출처: Lot Amores)

프로젝트 1: 메이커빔 에어프레임

나는 쿼트콥터를 만들면서 멋진 알루미늄 빔을 이용해서 스스로 에어프레임을 만들어 보기로 하였다. 그림 4.6에 나와 있는 것과 같이 각각의 빔은 공중에서 분해될 걱정 없이 볼트를 이용하여 단단하게 연결할 수 있으며 다양한 판재를 부착하는 것도 가능하다.

메이커빔

메이커빔(www.makerbeam.eu)이라고 하는 빔은 상당히 멋지다.[1] M2.5 나사를 이용하여 고정하게 되는데 그 방법이 좀 특이하다. 나사 머리는 사각형이며 알루미늄 빔에 파여져 있는 홈에 나사머리를 미끄러트려 집어넣고 나사에 연결 플레이트를 꼽은 다음에 육각 렌치를 이용하여 너트를 고정시킨다(그림 4.7 참조).

그림 4.6 메이커빔 섀시는 쿼드콥터 제작에 있어서 가벼우면서도 유연한 플랫폼을 제공한다

---

1 국내에서 이와 비슷한 재료를 구입하기 원하면 '알루미늄 프로파일'로 검색하면 유사한 재료를 찾을 수 있다.
　- 옮긴이

그림 4.7 메이커빔 제품의 끝단에는 나사산이 파여져 있으며 홈이 쭉 파여져 있어 쿼드콥터 섀시 제작 시 매우 편리하다

메이커빔 제품의 이면에는 멋진 아이디어가 숨어 있다. 2012년에 오픈빔 OpenBeam이라는 클라우드펀딩 캠페인이 개발비 100,000불을 목표로 시작되었다. 오픈소스의 알루미늄 소재로 된 만들기 키트를 만드는 것이 아이디어였으며 오픈소스이기에 누구나 이와 관련된 액세서리를 만들거나 기본 설계에서 확장하는 것이 가능하였다.

메이커빔은 오리지널 프로젝트에서 파생한 것이며 커넥터가 조금 다르고 빔의 형태가 조금 변경되었지만 원래 프로젝트가 가지고 있는 정신을 계승한다. 미국에 거주하는 경우라면 아마존닷컴에서 메이커빔 제품을 구입할 수 있다(아마존닷컴에서 B00G3J6GDM으로 검색).

물론 Adafruit를 통해 오리지널 오픈빔도 구매할 수 있다(www.openbeamusa.com). 메이커빔과 아주 흡사하지만 나사머리 대신 너트를 홈으로 넣어서 사용한다는 점이 다르다. 또한 연결 부위 부품의 경우에는 3D 프린터로 출력 가능한 도면을 다운로드할 수 있다.

부품

에어프레임 제작을 위해서 그림 4.8에 나와 있는 부품이 필요하다 메이커빔의 모든 부품은 메이커빔 스타터키트 안에 포함되어 있다(P/N 01MBTBKITREG).

A. **150mm빔 4개**(P/N 100089)

B. **100mm빔 4개**(P/N 100078)

C. **60mm빔 4개**(P/N 100067)

D. **코너 브라켓 8개**(P/N 100315)

E. **직각 브라켓 4개**(P/N 100326)

F. **L자 브라켓 4개**(P/N 100304)

G. **M3×6mm 스크류**(P/N 100359): 스타터 키트에는 포함되어 있지 않은 약간 긴 나사도 제공한다.

H. **M3 너트**(P/N 100416): 셀프 락킹 너트도 제공(P/N 100405)

I. **나무조각**: 나의 경우 13×13cm크기, 3mm 두께의 발트 지역의 자작나무를 사용하였으며 11cm 간격으로 나사 구멍을 뚫었다.

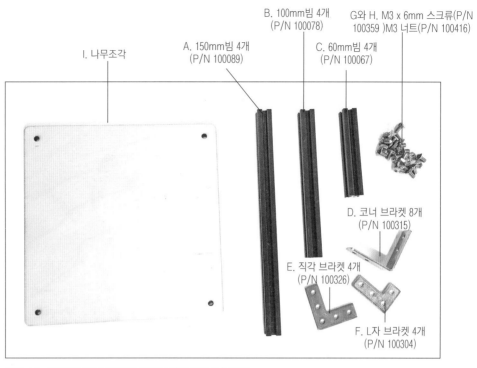

그림 4.8 메이커빔 에어프레임을 만들기 위해 필요한 부품들

조립 과정

모든 부품을 다 모았으면 다음 과정을 거쳐 에어프레임을 조립한다.

1. 4개의 중요 부품을 조립한다. 각 부품은 중앙부의 사각형 부분 및 모터 스트
   럿을 포함한다. 구체적인 과정은 다음과 같다.

   a. 나사 2개를 150mm짜리 빔의 홈으로 집어 넣는다. 이 두 개의 나사와 너
      트, 육각 렌치를 이용하여 그림 4.9와 같이 직각 브라켓을 고정한다(나사에
      너트를 한 번에 다 채우지 말고 한 건너 하나씩 채우면 좀 더 빠르게 유격을 조정할 수 있
      다. 맨 나중에 너트를 다 채우고 고정한다).

   b. 10cm 빔의 홈에 2개의 나사를 넣는다. 이를 15cm 빔 및 위에서 준비한
      직각 브라켓과 그림 4.10과 같이 연결한 후 두 개의 너트로 고정한다.

그림 4.9 M3 볼트 두 개를 150mm 빔의 홈으로 집어 넣는다

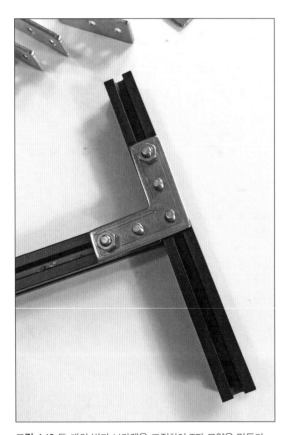

그림 4.10 두 개의 빔과 브라켓을 고정하여 T자 모양을 만든다

c. 그림 4.11과 같이 코너 브라켓을 장착하여 좀 더 튼튼하게 해준다.

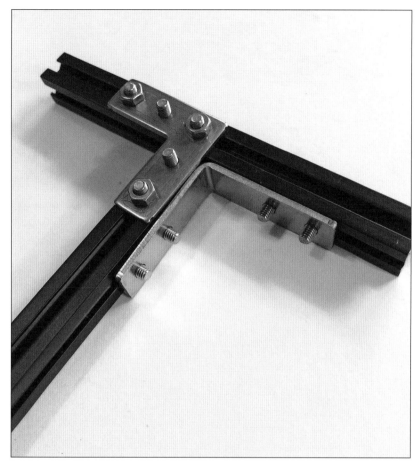

그림 4.11 또 다른 브라켓을 장착하여 T를 좀 더 튼튼하게 해준다

d. 그림 4.12와 같이 10cm빔의 끝부분에 L자 브라켓을 장착한다.

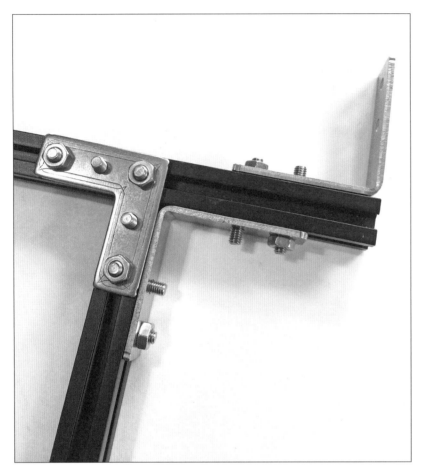

그림 4.12 다른 브라켓을 추가한다

2. 이것을 4개 조립한 후 그림 4.13과 같이 서로 연결해 준다.

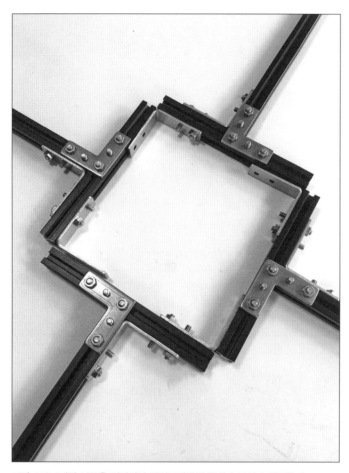

그림 4.13 4개의 부품을 연결하면 에어프레임의 형태가 보이기 시작한다

3. 에어프레임을 뒤집은 후 그림 4.14처럼 L브라켓을 프레임의 하부쪽으로 장
   착하고 네 개의 60mm빔을 L자 브라켓에 연결한다.

4. 이제 그림 4.15처럼 목재 플랫폼을 장착할 준비가 끝났다. 나의 경우 내가 원
   하는 정확한 크기로 레이저 가공하였지만 그냥 흔히 볼 수 있는 얇은 목재에
   핸드드릴로 구멍을 뚫어서 사용해도 좋다. 목재가 너무 두꺼우면 안 된다. 발
   틱 자작나무라면 두께가 3mm를 넘지 않아야 한다. M3 나사를 이용하여 목
   재 플랫폼을 각 다리의 끝부분에 있는 나사 구멍에 맞춰 고정한다.

그림 4.14 다리를 장착한다

그림 4.15 다리의 윗쪽에 목재 플랫폼을 장착한다

아직까지 쿼드콥터는 완성되지 않았다. 아직 모터도 없고 프로펠러도 없고 다른 전자장비도 설치되지 않을 상태이다. 뒤에 나올 장에서 조립을 완성할 것이다. 인내심을 가지고 기다리자.

요약

지금까지 쿼드콥터 조립 과정을 잘 진행하여 알루미늄 빔으로 에어프레임을 만들었다. 다음 장에서는 에어프레임에 모터와 프로펠러, 배터리 팩, 마이크로컨트롤러를 장착한다. 하지만 쿼드콥터는 잠시 접고 5장에서 페이로드[2]에 G포스, 즉 가속도를 측정하고 기록하는 장치가 달린 모형 로켓을 제작해 볼 것이다.

---

2 로켓의 화물을 싣는 부분 – 옮긴이

5장

로켓 드론 프로젝트

이제 식견을 넓히기 위해 조금 다른 종류의 드론에 대해 알아보자. 이번 장에서는 완전 자동화된 드론이라고 할 수 있는 로켓에 대해서 알아보자. 모형 로켓의 역사에 대해 잠시 살펴보고 상승하면서 고도를 측정하여 기록하는 로켓을 실제로 제작해 본다. 이번에 제작할 로켓은 그림 5.1과 같다.

그림 5.1 이번 장에서는 데이터 수집 로켓을 제작한다

아마추어 모형 로켓공학

몇 세기 전 로켓이 발명된 이후로 사람들은 로켓을 놀이기구로도 사용해 왔다. 오늘날 미국에서는 이것이 발전한 형태의 플라스틱과 발사 목재로 만든 소형 로켓을 에스테스 로켓Estes Rocket 사에서 제작하고 있다. 에스테스 사는 고체연료를 사용하는 로켓 모터뿐만 아니라 로켓 제작 키트(그림 5.2) 그리고 발사 시스템을 판매한다.

그림 5.2 에스테스 로켓 키트의 구성. 접착제와 페인트만 있으면 조립이 가능하다

1959년에 번 에스테스Vern Estes가 로켓용 고체연료를 포장하는 기계를 발명한 후 로켓 제작 키트를 만들었다. 가격이 비싸지 않았고 재미있었기 때문에 에스테스 로켓은 전 세계적으로 인기를 끌게 되었다. 에스테스 로켓 엔진은 본질적으로는 고체연료를 튜브형 판지로 둘러싼 것이며 주 연료 및 주 연료의 연소가 끝나면 잠시 연소하여 낙하산을 전개하는 보조 연료로 구성되어 있다. 또한 에스테스 사에서는 손으로 들고 조작하는 컨트롤러와 발사대, 로켓이 하늘로 날아가도록 유도하는 해주는 가느다란 철사로 구성된 발사대 키트를 판매한다.

에스테스의 로켓 제품군은 매우 작은 것부터 아주 큰 것까지 매우 다양하다. 이 중에서 로우엔드는 모스키토Mosquito(모기) 제품인데 너무나 작고 가벼운 나머지 낙하산이 없어도 안전하게 지상으로 내려온다. 최상급 제품은 레비아탄 Leviathan 제품인데 강력한 엔진이 장착되어 있어 1500피트(약 457m) 상공까지 올라갈 수 있다. 다양한 키트 제품이 준비되어 있으며 또한 로켓 제작을 위한 다양한 로켓 엔진과 노즈콘[1]을 판매중이다.

그림 5.3을 참조하여 일반적인 모형 로켓의 구성을 알아보자

A. **노즈콘**Nose cone: 대체로 유일한 플라스틱 부품인 경우가 많다. 노즈콘은 로켓을 좀 더 공기역학적으로 우수하게 만들어주며 추락시의 충격에도 견딜 수 있을 정도로 튼튼하다.

B. **샥 코드**Shock cord: 그냥 줄이다(사진의 경우 고무줄). 리본/낙하산과 노즈콘, 로켓의 몸체를 연결한다.

C. **리본 혹은 낙하산:** 로켓 엔진의 연소가 끝나면서 보조 연료가 점화되면서 낙하산 혹은 사진에 있는 것 같은 리본이 펼쳐지게 된다. 크기가 작은 로켓의 경우 낙하산이 아닌 리본만으로도 로켓이 지면과 충돌할 때 부서지지 않을 정도로 속도가 늦춰지게 된다.

D. **충전재-** 내화성 재질의 충전재는 보조 연료가 연소시에 낙하산을 화염으로부터 보호한다.

E. **몸체:** 일반적으로는 마분지로 말아놓은 튜브의 형태를 하고 있으며 로켓의 중앙부에 해당된다.

F. **핀:** 비행 안정성을 높여준다. 에스테스 제품의 경우 대부분 레이저로 절단한 발사 재질로 되어 있으며 이를 사포질하고 페인트 칠을 한 후에 접착제로 몸체와 연결한다. 그런데 사실 처음부터 잘 붙이는 것은 거의 불가능하다.

---

1 로켓 상단의 원뿔 부분 – 옮긴이

G. **발사 러그**Launch Lug: 작은 튜브 형태의 발사 러그는 로켓 발사 시에 발사대에 부착되어 있는 금속봉을 따로 움직여 로켓을 윗쪽 방향으로 유도하게 된다. 음료 마실 때 사용하는 빨대처럼 생겼다.

H. **로켓 모터**: 에스테스 사의 모터는 추진재와 보조 연료로 구성되어 있는 마분지 튜브의 형태로 되어 있다.

I. **점화기**: 전기가 통하면 열을 내는 전기선으로써 이것을 통해 로켓 연료를 점화한다.

J. **플러그**: 발사전에 점화기가 떨어져 나가는 것으로 방지하는 장치

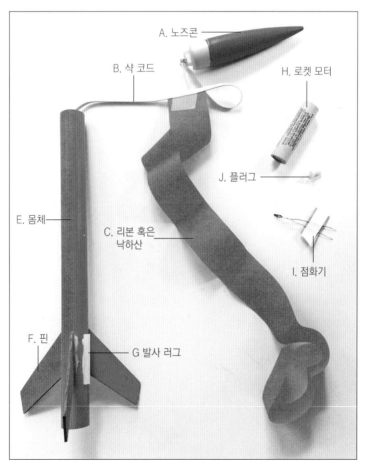

그림 5.3 사진처럼 작은 로켓의 경우에도 이처럼 많은 부품이 사용된다

간단한 아두이노 가이드

여기까지 로켓 기술에 대해서 간단히 알아보았다. 이제부터 이 장의 프로젝트 진행을 위한 또 다른 분야의 기술인 아두이노Arduino 마이크로컨트롤러에 대해서 알아보자.

이번 프로젝트는 데이터 수집을 위해 페이로드에 탑재할 사용하기 쉬운 마이크로컨트롤러인 아두이노와 관련이 있다. 다음에 나올 내용을 통해 프로그램(아두이노 세계에서는 스케치sketch라고 한다)을 아두이노에 올리는 방법을 배울 수 있다.

이 장에서의 프로젝트에서는 아두이노 마이크로(그림 5.4)를 사용한다. 로켓의 내부에 장착이 가능할 정도로 작은 제품이다. 하지만 풀 사이즈의 아두이노와 거의 비슷한 일을 할 수 있기 때문에 우리의 목적에 잘 맞는다.

그림 5.4 아두이노 마이크로는 작은 공간에서의 활용성이 좋은 컴팩트한 크기의 아두이노이다

USB 케이블도 필요하다. USB 케이블의 타입은 어떤 아두이노를 사용하느냐에 따라 달라지는데 아두이노 우노UNO는 표준 크기의 USB A-B 케이블(P/N 512)를 사용하지만 아두이노 마이크로는 마이크로 USB 케이블(Sparkfun P/N 10215)

을 사용한다. 케이블 선택에 관한 좀 더 자세한 내용은 Arduino.cc에서 찾을 수 있다. 윈도우나 맥 OS 혹은 리눅스가 탑재되어 있는 PC도 필요하다.

필요한 장비를 다 구했으면 다음 단계를 따라 진행한다.

1. 아두이노 소프트웨어를 다운로드해 PC에 설치한다. Arduino.cc에서 소프트웨어를 다운로드할 수 있으며 설명서도 볼 수 있다. Arduino.cc 웹사이트의 화면은 그림 5.5와 같다.

2. 아두이노 소프트웨어를 실행하고 그림 5.6과 같이 USB 케이블을 통해 아두이노를 연결한다.

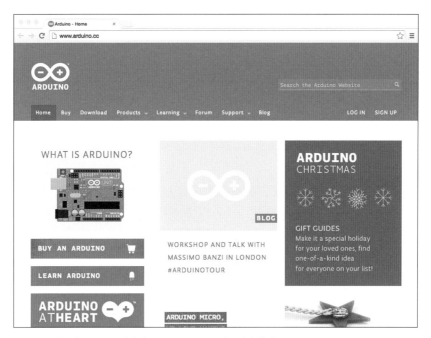

그림 5.5 아두이노를 공부하려면 Arduino.cc를 꼭 방문해야 한다

그림 5.6 아두이노를 사진과 같이 연결한다

3. Tools 메뉴에서 그림 5.7과 같이 Board로 가서 사용하고자 하는 아두이노의
    종류를 선택한다.

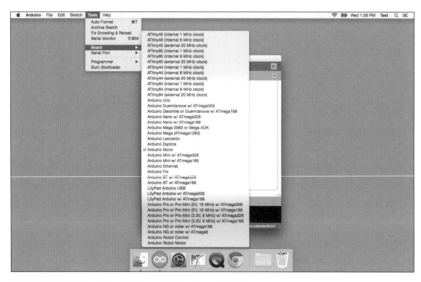

그림 5.7 사용하고자 하는 아두이노를 리스트에서 선택한다

4. 그림 5.8과 같이 Tools 메뉴에서 Serial Port를 선택한다. 어떤 것이 작동하는 지 이것저것 선택해 본다.

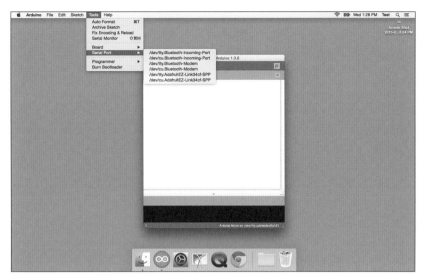

그림 5.8 포트를 선택한다

5. 이제 File 메뉴에 가서 Open을 선택하여 필요한 스케치를 연다. 스케치란 아 두이노 세계에서 프로그램 소스코드를 지칭하는 말이다. 인터넷에서 다른 사 람이 만든 스케치를 다운로드해서 사용할 수도 있고, Blink와 같은 예제 스케 치를 사용할 수도 있다. Blink(그림 5.9)는 File ➤ Examples ➤ Basics에서 찾을 수 있다. Blink는 하드웨어 제어분야에서의 "Hello World"[2]라 할 수 있으며 가 장 첫 번째로 배워야 할 내용이다.

---

2 보통은 프로그래밍을 맨 처음 배울 때 Hello world가 화면에 표시되는 프로그램을 만들어보게 된다. 즉 가장 기초적 인 내용이라는 의미이다. – 옮긴이

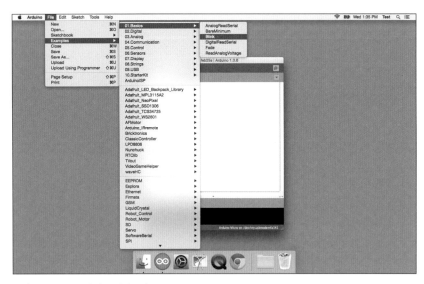

그림 5.9 Blink 스케치를 열어보자

6. 그림 5.10과 같이 **Upload** 버튼을 눌러 스케치를 보드로 전송한다. 이제 아두이노는 프로그램을 탑재하게 되었으며 전원이 들어올 때마다 전송한 스케치를 자동으로 실행하게 된다. 이제 로켓을 만들 준비가 끝났다.

에러 메시지가 등장한다면 설정 값을 다시 한 번 확인하고 다른 포트로 다시 시도해 본다. 포트를 바꿔가며 시도해도 변화가 없다면 Arduino.cc에 있는 FAQ를 참고하거나 포럼에 문의해 보자.

그림 5.10 아두이노에 스케치를 업로드하자

초보자에게 유용한 아두이노 서적

아두이노에 대해 좀 더 자세히 공부하고 싶다면 아두이노 프로젝트 관련 서적인 『Arduino for Beginners』(Que, 2013)를 한 번 살펴보자. 이 책에는 여러 스케치와 툴을 사용하는 데 도움이 되는 여러 팁을 제시하고 있으며 독자의 아두이노 관련 지식을 넓혀줄 여러 가지 하드웨어 및 소프트웨어의 개념에 대해 알려준다.

그림 5.11 아두이노 초보라면 이 책을 한 번 보자

프로젝트 2: 데이터 수집 로켓

잠시 아두이노에 대해서 살펴보았다. 이제 그림 5.12와 같은 고도계가 장착되어 고도 변화를 기록하는 기능을 가진 로켓을 본격적으로 만들어보자. 이번 프로젝트에서는 에스테스 사의 V2 로켓을 사용할 예정이다. 이 로켓에는 배터리와 전자회로를 장착할 수 있는 충분한 공간이 있다. 이제 배선 방법과 로켓의 뇌라고 할 수 있는 아두이노 프로그램에 대해서 알아본다.

그림 5.12 데이터 수집 로켓은 원격 측정을 한다

데이터 수집 로켓 제작을 위한 부품

데이터 수집 로켓 제작을 위해서는 다음 재료가 필요하다.

- **에스테스 세미 스케일 V2 모델 로켓**: 취미용품 전문점이나 Esteskockets.com(P/N 003228)에서 구입할 수 있다.

- **에스테스 포르타 팟 II 발사 시스템**: 9V 배터리로 작동하는 엔진 점화 시스템 (Esteskockets.com; P/N 003228)

- **아두이노 마이크로**: Adafruit.com(P/N 1086)이나 다른 온라인 전자 부품 매장에서 구입이 가능하다.

- **고도계**: 시중에 아주 다양한 종류의 고도계와 가속도계가 나와 있지만 나는 MPL3115A2(Adafruit.com; P/N1893) 제품을 선택했다. 기압계의 압력 변화를 고도의 변화로 표시해준다.

- **오픈로그 데이터 기록장치**OpenLog datalogger: Sparkfun에서 판매한다(P/N 9530).

- **미니 브레드보드**: 이 플라스틱 브레드보드(Sparkfun.com; P/N 12002)를 사용하긴 하지만 무게를 줄이기 위한 최선책은 아니다.

- **점퍼**: "와이어"라고 하기도 한다. Adafruit.com에서 쓸만한 세트 제품을 판매중이다(P/N 153).

단계별 데이터 수집 로켓 제작

부품을 다 모았으면 다음 단계를 따라 조립을 진행한다.

1. V2 구입 시 따라오는 설명서의 지시를 따라 로켓을 조립 후 도색한다. 그림 5.13에서 제작 과정을 볼 수 있다.

2. 브레드보드에 아도이노를 그림 5.14와 같이 장착한다.

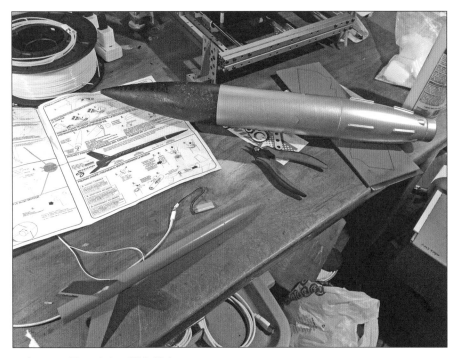

그림 5.13 로켓을 조립하고 색칠을 한다

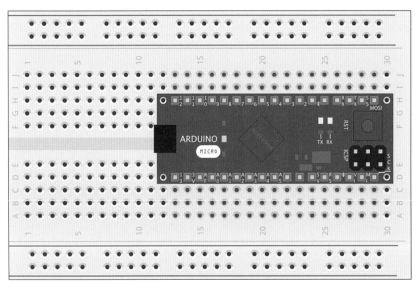

그림 5.14 아두이노 마이크로의 핀을 그림과 같이 브레드보드에 장착한다

3. 데이터 기록 모듈을 그림 5.15와 같이 장착하고 선을 연결한다. VCC는 아두이노의 5V와 연결하고(빨간선) BLK는 아두이노의 그라운드와 연결한다(검은선)(데이터기록 모듈에는 GND와 BLK 핀이 있는데 GND 쪽은 건드리지 말 것). 마지막으로 기록 모듈의 RXI 핀을 아두이노의 TX와 연결한다(파란선).

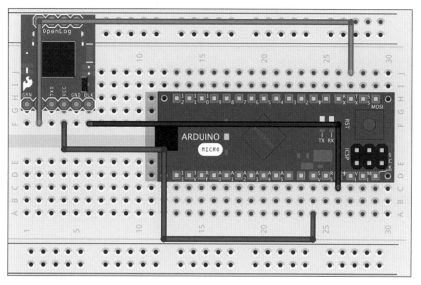

그림 5.15 데이터 기록 모듈을 설치하고 배선을 연결한다

4. 그림 5.16과 같이 고도계를 장착한다. 고도계의 SDA는 아두이노의 2번 핀에 연결하고 (노란선) SCL은 3번 핀과 연결한다(녹색선). 전원과 그라운드는 그림과 같이 배선한다.

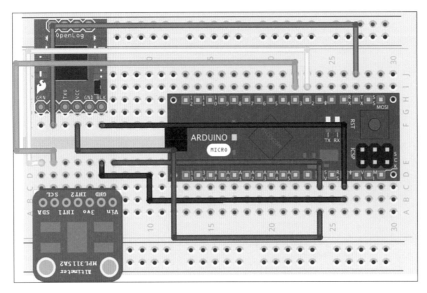

그림 5.16 고도계와 배선

5. 배터리를 장착한다. 그림 5.17과 같이 +를 아두이노의 VI_{voltage in} 핀과 연결
   하고 −를 그라운드에 연결한다.

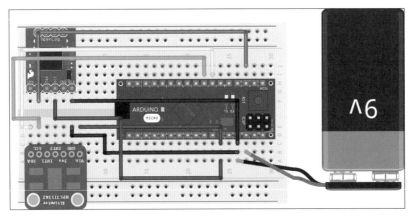

그림 5.17 배터리를 연결해서 전원을 공급한다

6. 그림 5.18과 같이 아두이노 스케치 파일을 열고 아두이노에 업로드한다. 이
   부분에 대해서는 다음에 나올 '페이로드 프로그래밍'에서 자세히 다룬다.

그림 5.18 아두이노에 스케치를 올려준다

7. 제작한 회로를 그림 5.19처럼 로켓에 설치한다. 이때 밸런스가 중요하다. 나의 경우 노즈콘을 조금 잘라내고 글루건으로 브레드보드를 고정하였다.

8. 발사 준비가 되었으면 그림 5.20과 같이 배터리를 연결해서 아두이노에 전원을 넣는다. 이제 아두이노는 배터리가 전부 소모되거나 전원이 분리될 때까지 고도계에서 읽어오는 정보를 데이터 기록 장치에 기록한다.

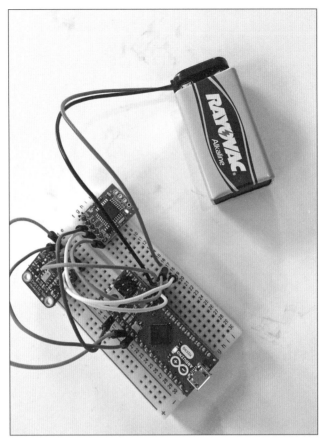

그림 5.19 로켓에 화물을 싣자   **그림 5.20** 아두이노에 전원을 넣으면 데이터 기록을 시작한다

9. 발사한 뒤에 로켓을 회수하면 아두이노에서 전원을 분리하고 카드를 리더기
   에 넣어 파일을 열어본다.[3]

---

3 데이터 수집장치에는 마이크로SD 카드를 넣을 수 있으며 이곳에 정보가 저장된다. – 옮긴이

페이로드 프로그래밍

매우 간단한 코드를 아두이노에 넣으면 되기 때문에 어려워할 것은 아무것도 없다. 단순히 Adafruit의 MPL3115A2 가속계에 관련한 예제 스케치를 다운로드해서 사용하면 되며 아무것도 손댈 것이 없다.

1. MPL3115A2 라이브러리를 https://github.com/adafruit/Adafruit_MPL3115A2_Library에서 다운로드한다. 라이브러리는 메인 스케치와는 별도로 저장되는 추가 코드로써 여러분의 코드가 간결하고 깨끗하도록 해준다. 화면 오른쪽에 있는 **Download ZIP** 버튼을 눌러 파일을 다운로드한다.

2. http://arduino.cc/en/Reference/Libraries에 나와 있는 내용에 따라 라이브러리를 설치한다. 이 과정은 매우 간단하다. 컴퓨터에 있는 Arduino 폴더를 열고 Libraries라는 이름의 서브폴더를 찾는다. Adafruit library(경우에 따라 폴더명을 바꿔야 하는 경우도 있다)의 압축을 풀고 Arduino 아래에 있는 Libraries 폴더에 넣어준다.

3. 아두이노 소프트웨어를 재시작하고 File 메뉴에서 Examples를 선택하여 **testmpl3115a2** 스케치를 찾는다. 여기서 그냥 지나갈 수도 있지만 어떤 일이 내부에서 일어나는지 알기 위해 소스코드를 한 번 살펴보는 것도 좋다.

```
// 이 라이브러리는 스케치를 구동할 때 필요하다. Wire.h는 아두이노와 관련된 것이기 때문에 신경 쓰지
말자.
#include <Wire.h>
#include <Adafruit_MPL3115A2.h>
Adafruit_MPL3115A2 baro = Adafruit_MPL3115A2();

// 다음 두 줄은 시리얼 커넥션을 열고 메시지 전송을 테스트한다.
void setup() {
  Serial.begin(9600);
  Serial.println("Adafruit_MPL3115A2 test!"); }

  // 이 반복문은 아두이노 전원이 꺼질 때까지 무한 실행된다.
```

```
void loop() {
  if (! baro.begin()) {
    Serial.println("Couldnt find sensor");
    return;
  }
  // 고도계는 기압을 읽는다.
  float pascals = baro.getPressure();
  Serial.print(pascals/3377); Serial.println(" Inches (Hg)");
  // 고도계는 고도를 결정한다.
  float altm = baro.getAltitude(); Serial.print(altm); Serial.
    println(" meters");

  // 고도계는 미약한 온도 센서도 가지고 있다.
  float tempC = baro.getTemperature();
  Serial.print(tempC); Serial.println("*C");
  delay(250);
  }
}
```

요약

아주 재미있는 내용이었다. 로켓 드론을 만들고 발사 후의 가속과 고도의 변화를 기록하였다. 6장에서는 메인으로 진행하고 있는 쿼드콥터 프로젝트의 섀시에 맞는 모터와 프로펠러를 선택해본다.

6장

쿼드콥터 제작 2: 모터와 프로펠러

이제 우리가 원래 진행하던 쿼드콥터 제작 프로젝트로 돌아오자(그림 6.1). 모터 및 프로펠러와 씨름할 차례이다. 이 두 가지를 고르는 방법을 알아본 뒤에 나는 어떤 선택을 했는지에 대해서도 알려줄 것이다. 4장에서 메이커빔을 이용하여 프레임을 제작하는 하는 방법을 알아보았다. 여기에 모터와 프로펠러 그리고 이 둘을 결합하는 부품을 추가해 드론을 계속 만들어보자.

그림 6.1 이번 장에서는 이전에 제작한 프레임에 모터와 프로펠러를 결합한다

모터 선택

쿼드콥터에 장착할 모터를 고르려고 하면 그 종류가 수십 가지가 되어 고르기가 쉽지 않다. 좀 더 쉽게 생각하도록 모터를 종류별로 나눠보고 어떤 것이 적합한지 알아보자.

아웃러너와 인러너

RC를 하다 보면 아웃러너outrunner 혹은 인러너inrunner라는 단어를 자주 접하게 된다. 이것은 모터 하우징의 물리적인 설계에 따라 구분된다. 그림 6.2에 나와 있는 것과 같은 아웃러너의 경우 하우징이 통째로 돌아가며[1] 일반적으로 생각하는 형태의 로터 대신 프로펠러를 하우징에서 나온 축과 연결한다. 아웃러너는 큰 프로펠러를 잘 돌리기 때문에 쿼드콥터에 자주 사용되는 반면, 기어박스와는 조합되어 나오는 경우는 거의 없기 때문에 속도와 토크를 변환하는 것은 제한적이다.

인러너는 우리가 흔히 생각하는 형태의 모터이다. 자석 주위를 전자석이 회전하는 형태이다. 또한 기어박스와 연결하여 판매되는 경우도 있기 때문에 좀 더 유연하게 RPM(분당 회전수)과 토크를 고려할 수 있다

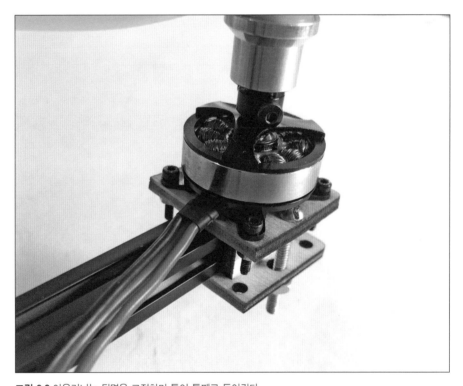

그림 6.2 아웃러너는 뒷면을 고정하며 통이 통째로 돌아간다

---

1 국내에서는 흔히 통돌이 모터라고 한다. - 옮긴이

브러시드와 브러시리스 모터

모터를 검색하다 보면 또 하나 자주 등장하는 단어가 브러시드Brushed와 브러시리스Brushless이다. 모터 안에 있는 전자석에 어떤 식으로 전원을 공급하느냐에 따라 구분된다. 브러시드 모터는 중심의 회전자에 코일이 감겨져 있으며 코일은 작은 금속 브러시와 접촉되어 있다. 브러시리스 모터의 경우 코일이 고정되어 있기 때문에 브러시가 필요하지 않다.

각각의 모터는 장점이 있다. 브러시리스 모터의 경우 열이 좀 더 잘 빠져나가기 때문에 좀 더 컴팩트하게 만드는 것이 가능하다. 그러나 전원과 바로 연결해서 사용할 수 없으며 조금 복잡한 제어시스템이 필요하다는 단점이 있다. 이와 반대로 오래된 형태인 브러시드 모터의 경우(그림 6.3과 같은 형태다) 복잡한 제어장치 없이 전원만 연결하면 돌아간다. 하지만 사용할수록 브러시가 닳는다는 단점이 있다.

그림 6.3 브러시드 모터, 2개의 선으로 브러시리스 모터와 구별이 된다

교류와 직류 모터

교류와 직류의 차이점은 알고 있을 것이다. 가정용 전원으로 사용하는 교류 전원은 취미가들도 자주 사용하는데, 많은 수의 드론용 모터는 교류 전원을 사용한다. 이와는 반대로 배터리 전원이나 센서, 다른 전자회로 등은 직류전원을 사용한다.

이것을 알아야 하는 이유는 전자변속기 ESC와 모터의 종류를 잘 매치시켜야 하기 때문이다. 그림 6.4에 나와 있는 것과 같은 교류 모터를 사용하는 경우에는 교류 전자변속기가 필요하다. 전자변속기에 대해서 아무것도 모른다고 걱정할 필요가 없다. 전자변속기에 관한 자세한 이야기를 8장에서 공부한다.

그렇다면 직류가 나오는 배터리를 어떻게 교류 모터와 연결해서 사용하는 것일까? 전자변속기에는 인버터가 내장되어 있어 배터리에서 나오는 직류를 3상 교류 전원으로 전환하며 모터가 얼마나 빨리 도는지도 알 수 있다.

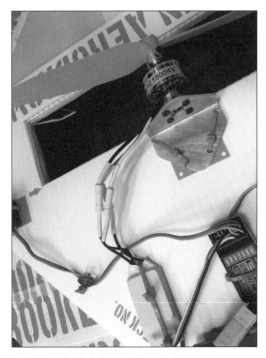

그림 6.4 전자변속기와 연결된 교류 모터

프로펠러 선택

프로펠러는 잘 부러지는 값이 싼 소모품이라 다양한 종류의 프로펠러를 사용해 볼 기회를 가질 수 있다. 여러분의 쿼드콥터에 맞는 프로펠러를 선택하는 팁 몇 가지를 알아보자.

- 프로펠러의 규격은 지름과 피치pitch로 나타낸다. 피치가 클수록 프로펠러의 각도가 더 크다.[2]

- 프로펠러를 고르다 보면 간혹 쌍으로 판매되는 제품이 있다. 자세히 보면 날개의 방향이 반대로 되어 있는데 하나는 정방향regular, 다른 것은 역방향pusher 프로펠러라고 한다. 정방향 프로펠러가 시계방향으로 회전하는 것에 비해 역방향 프로펠러는 반시계방향으로 회전한다. 이렇게 반대로 도는 프로펠러는 쿼드콥터가 안정적으로 비행하는 데 아주 중요하다.

- 쿼드콥터와 같이 느리게 비행하는 비행체의 경우라면 저속비행용 프로펠러를 구입해야 한다. 이와 반대로 고속비행용 기체라면 작은 사이즈의 프로펠러를 사용한다.

- 두 개의 인접한 프로펠러끼리 색상이 다르면 쿼드콥터의 앞방향이 어디인지 좀 더 쉽게 알 수 있기 때문에 조종에 도움이 된다. 헷갈리게도 가끔 역방향 프로펠러의 색상이 서로 다른 경우도 있다. 그러나 역방향 프로펠러끼리는 대각선 방향으로 마주보고 있기 때문에 조종에는 별로 도움이 되지 않는다.

---

2 프로펠러의 규격은 지름 x 피치로 나타내며 단위는 인치이다. 피치는 프로펠러가 한 바퀴 회전하는 동안 앞으로 나아가는 거리를 의미한다. – 옮긴이

그림 6.5 정방향과 역방향 프로펠러는 서로 반대방향으로 회전한다

프로펠러 어댑터

프로펠러 세트를 구입하기 전 고려해야 할 다른 사항은 어떻게 설치를 해야 하는지에 관한 것이다. 보통은 프로펠러와 함께 여기에 맞는 어댑터를 함께 진열해 놓고 있지만 적합한 프로펠러와 연결 도구 그리고 적당한 모터를 잘 찾아내야 한다. 이 검토 과정은 프로펠러의 직경에서 시작한다. 따라서 구입 전 여러 번 확인하자.

그러나 구입하고 싶은 제품을 집어들기 전에 프로펠러와 모터를 연결하는 데는 크게 콜릿과 프롭 세이버라는 두 가지 분류가 있다는 점을 알아두자.

- 콜렛Collet은 그림 6.7에 나와 있는 것과 같은 원추형의 금속 클램프 장치이다. 이 어댑터는 매우 단단히 고정이 되기 때문에 프로펠러가 모터 샤프트에서 빠지지 않는다. 매우 좋은 특징이기는 하지만 쿼드콥터에는 별로 소용이 없다. 프로펠러가 자주 부러지기 때문이다. 쿼드콥터의 프로펠러는 고속으로 회전하는 얇은 플라스틱이기 때문에 벽에 살짝 닿기만 해도 부러진다. 따라서 드론을 날리다가 프로펠러를 다 소진해 버려서 집으로 가야하는 경우도 종종 생긴다. 이 책의 프로젝트에서는 콜렛으로 고정하는 방법을 사용하였다.

- 그림 6.6과 같은 프롭세이버로 프로펠러를 고정하는 방법도 있다. 그 이름처럼 추락 시 프로펠러가 망가지는 것을 조금 줄여준다. 프로펠러는 고무줄로 연결되어 있고 마찰력과 가속을 이용해 고정한다. 쿼드콥터가 추락하게 되면 프로펠러가 떨어져나가게 되며 다시 부착하는 것이 가능하다. 이 방법을 선택하게 되면 여분의 고무밴드를 많이 챙겨야 하며 비행 전에 항상 프로펠러를 점검해야 한다.

그림 6.6 프롭 어댑터를 이용해 프로펠러와 모터를 연결한다

프로젝트 3: 프로펠러와 모터 고정

쿼드콥터 프로젝트의 다음 단계로 나아가기 위해서는 그림 6.7처럼 모터와 프로펠러를 장착하여야 하며 각 붐의 끝에는 모터, 프로펠러 그리고 이 둘을 고정하는 장치가 장착되어야 한다. 더 고민하지 말고 시작해 보자.

그림 6.7 모터와 프로펠러를 쿼드콥터에 장착한다

부품

프로젝트에서는 다음과 같은 부품이 필요하다.

- **4개의 모터**: 나는 하비킹 1400kV 브러시리스 모터를 사용하였다(P/N 2205C-1400).

- **4개의 프로펠러**: 나는 턴이지Turnigy 사의 7×3.8 규격의 저속비행용 프로펠러를 사용하였다(Hobbyking.com; P/N 9329000203). 물론 역방향 프로펠러도 필요하다(P/N 9329000206-0).

- **4개의 프롭 어댑터**: 하비킹의 축 지름 3mm짜리 모터용의 콜릿 타입의 프롭 어댑터를 사용하였다(Hobbyking.com; P/N GON-D3T6).

- **마운팅 플레이트**: 내가 설계한 레이저로 재단한 목재 마운팅 플레이트(http://www.thingiverse.com/jwb/designs) 혹은 이와 동급의 3D 프린터 출력물(http://www.thingiverse.com/thing:198878) 둘 중의 하나를 사용한다. 목재 마운트의 경우 1/8" 합판으로 만들었으며 서로 고정하기 위해 #4(0.75")짜리 볼트와 너트가 필요하다.

프로펠러와 모터를 장착하는 과정

쿼드콥터 에어프레임에 모터와 프로펠러를 다음 과정을 거쳐 장착한다.

1. 모터 마운트를 3D 프린터로 출력하거나 목재 레이저 커팅을 통해 만든다. 앞의 부품 소개에서 마운트를 제작하는 2가지 방법에 대해 언급했는데 3D 프린터가 고장나는 바람에 나는 레이저 커팅을 선택했다. 그림 6.8은 그 결과물이다. 레이저 커팅을 할 수 있는 상황이 아니라면 1/8" 두께의 합판을 자르고 구멍을 내어 사진과 비슷하게 만드는 것도 가능하다. 이것도 힘들다면 1cm 두께의 빔에 장착이 가능한 마운트를 인터넷에서 구입하는 것도 가능하다.

그림 6.8 레이저 커팅을 이용하여 제작한 모터 마운트

2. 그림 6.9와 같이 붐에 모터 마운트를 장착한다. #4 볼트를 이용해서 목재 부
   품을 고정하였다. 조금 더 단단히 연결하고 싶으면 나무와 금속 사이에 양면
   테이프 조각을 붙여준다.

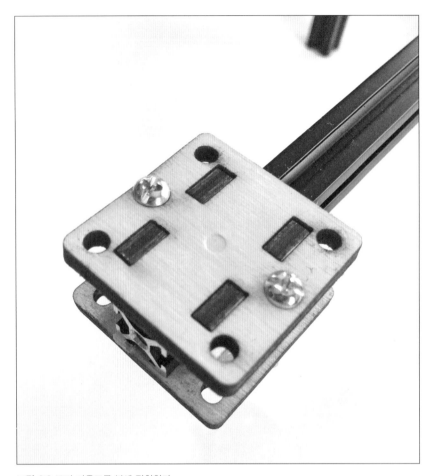

그림 6.9 모터 마운트를 붐에 장착한다

3. M2 나사와 너트를 이용하여 그림 6.10과 같이 모터를 마운트에 연결한다. 잠금 장치가 있는 너트를 구할 수 없다면 나사 고정용 접착제를 발라 모터를 좀 더 단단히 고정한다.

그림 6.10 모터를 마운트에 장착한다

4. 프롭 어댑터를 이용하여 프로펠러를 모터와 연결한다. 그림 6.11을 참고하면
   어떻게 연결하는지 알 수 있다. 어댑터의 암컷 끝부분을 모터 허브에 장착하
   는 동안에 프로펠러를 연결장치에 넣기만 하면 된다. 잠긴 느낌이 들 때까지
   조여주되 너무 세게 조이지는 않도록 한다. 너무 강하게 고정할 경우 프로펠
   러가 부러졌을 때 교체가 어렵다. 또한 프로펠러를 정확한 위치에 넣어야 하
   는데 두 개의 역방향 프로펠러를 대각선으로 마주 보는 위치에 넣고 정방향
   프로펠러도 역시 대각선으로 마주 보게 설치한다.

그림 6.11 프로펠러를 장착한다

요약

쿼드콥터 프로젝트에서 큰 진보를 이뤄냈다. 우리는 모터와 프로펠러에 대해서 알아보았고 드론의 섀시에 장착하였다. 7장에서는 이번 장에서 배운 지식을 바탕으로 장난감 풍선이 아닌 모터와 서보가 장착되어 있고 두 가지 방법으로 제어가 가능한 드론을 만들어 본다.

7장

비행선 드론 프로젝트

이번 장에서는 조종기를 통해 원격으로 조종을 하는 무선조정RC 기술을 알아보고 그림 7.1과 같은 RC를 이용해 조종하는 비행선을 제작해본다. 마지막으로 아두이노를 이용한 자동운행 비행선 제작에 대해 알아본다.

그림 7.1 이번 장에서는 비행선 드론을 제작한다

무선조종

일반적으로 RC는 크게 송신기, 수신기 그리고 각각의 모터와 연결된 전자변속기의 3가지 요소로 구성되어 있다. 각각에 대해 살펴보자

송신기

RC의 구성 요소 중의 하나는 그림 7.2와 같은 송신기가 포함된 조종기로써 조이스틱이나 스위치가 탑재되어 있으며 이를 이용하여 방향을 바꾸고 속도를 조절하며 플랩을 조종하고 서보를 움직이는 등 여러 가지를 제어할 수 있다.

조종기는 매우 다양한 종류가 나와 있다. 물론 지갑이 두둑한 독자라면 수천 불짜리 최고급 조종기를 구입할 수도 있을 것이다.

실제로 고급 제품일수록 더 많은 채널(좀 더 많은 수의 모터와 서보를 제어할 수 있다)을 지원한다거나 화려한 액정 화면, 큼직한 안테나 등과 같은 여러 가지 우수한 기능들이 탑재되어 있다.

그러나 쿼드콥터를 조종하기 위해 처음부터 고급 제품을 구입하는 데 많은 돈을 쓸 필요는 없다. 기본적인 송수신기 콤보는 25불 이하의 가격으로 구입이 가능하다.

그림 7.2 하비킹(Hobbyking)에서 판매하는 저렴한 송신기는 RC 입문용으로 좋다

수신기

무선조종 모델에는 무선 신호를 듣고 해석할 수 있는 수신기가 필요하다. 그림 7.3에는 일반적인 저렴한 수신기가 나와 있다. 이 수신기에는 각종 모터를 제어에 사용되는 단자와 송신기에 전원을 공급하는 단자 그리고 전파신호를 잡는 안테나 등이 포함되어 있다.

송수신기 콤보를 구입하면 송수신기가 이미 페어링[1]이 되어 있는 경우가 있다. 이런 경우 별다른 추가 과정 없이 박스에서 꺼내 그대로 송수신기를 사용할 수 있다. 수신기는 사용하는 주파수 대역(예를 들어 2.4GHz), 채널 수, 안테나 모양 등으로 구분할 수 있다. 하지만 두말할 것도 없이 이런 요소들이 여러분의 송신기와 맞아야 한다.

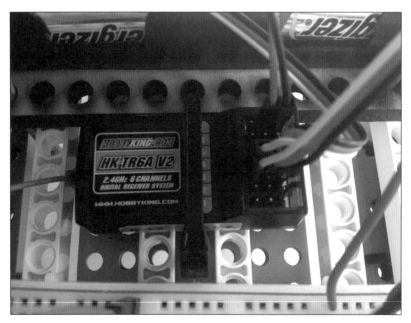

그림 7.3 하비킹 수신기는 송신기의 신호를 해석한다

---

1 송신기와 수신기를 한 세트로 엮는 과정으로써 송수신기가 페어링되면 다른 송신기의 신호는 수신기가 무시한다. 새 송수신기 세트를 구입했거나 수신기를 교체한 경우에는 반드시 페어링 과정을 거쳐야 한다. – 옮긴이

ESC

수신기에서 나오는 전기는 모터를 구동하기에는 전압이 낮기 때문에 ESC(전자변속기)를 이용하여 베터리의 전류를 모터로 보내 제어한다. 또한 ESC에는 몇 가지 기능을 프로그래밍할 수 있는 마이크로칩이 내장되어 있어 브레이크나 스로틀 범위, 모터에 전원이 갑자기 들어왔을 때 쿼드콥터가 갑자기 떠오르는 일이 없도록 저속으로 모터 회전을 시작하는 기능 등을 설정할 수 있다.

ESC를 선택할 때 사용하고자 하는 모터의 최대 전류량보다 용량이 조금 더 높은 제품을 고른다. 또한 브러시드인지 브러시리스인지, 직류인지 교류인지 등 사용하고자 하는 모터의 형식에 맞는 ESC를 선택해야 한다.

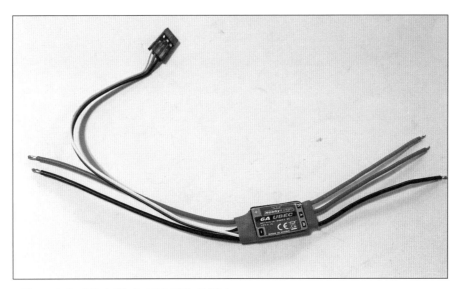

그림 7.4 ESC는 수신기 신호에 따라 모터를 제어한다

프로젝트 4: 비행선 드론

이번 장의 프로젝트는 알루미늄 풍선을 이용한 비행선(그림 7.5)으로써 목재로 만든 곤돌라를 공중에 띄우게 된다. 곤돌라는 한 쌍의 프로펠러가 탑재되어 있고 서보로 프로펠러의 각도를 제어하며 RC 혹은 아두이노를 이용해 조종하게 된다.

그림 7.5 비행선 드론은 풍선을 이용해 공중을 떠다닌다

부품

비행선 드론을 만들기 위해서는 다음과 같은 부품이 필요하다. 부품 중에서 모터와 프로펠러 및 관련 부품들인 6장에서 사용한 것과 동일하다.

- **2개의 모터**: 나는 하비킹의 1400kV 브러시리스 모터를 사용하였다(P/N 2205C-1400).

- **2개의 프롭 어댑터**: 3mm 로터에 맞는 콜릿 타입colet-type 어댑터를 하비킹에서 구매하였다(P/NGON-D3T6).

- **2개의 프로펠러**: 7×3.8 규격의 터니지 사의 저속기체용 프로펠러를 사용하였다. 하나는 정방향, 다른 하나는 역방향용이다(Hobbyking.com, P/N 9329000203-0과 9329000206-0).

- **서보**: 나는 하이텍Hitec 사의 HS322HD 서보를 사용하였다(Jameco.com, P/N 395760).

- **서보암**: 애크로배틱스Acrobatics 사의 싱글사이드 서보암을 사용하였다(P/N 525116).

- **서보 고정용 봉**: 나는 1" 길이의 양쪽 끝단이 모두 암컷인 #6 스텐드오프 (standoff)를 사용하였다(Allelectronics.com, P/NSP-263). 또한 고정을 위해서 #6-32 나사도 필요하다.

- **타이밍 벨트**: Adafruit.com에서 구할 수 있다(P/N 1184).

- **집 타이**: 아무데서나 쉽게 구할 수 있다!

- **레이저 가공 곤돌라**: 내 설계를 다운로드해서 사용해도 되고(http://www.thingiverse.com/jwb) 1/8" 두께의 아크릴이나 다른 가볍고 튼튼한 재료를 사용해도 상관없다.

- **목재봉(지름0.25")**: 나는 길이 10"짜리를 사용하였다.

- **헬륨 풍선**: 가스를 많이 넣을 수 있는 콸라텍스(Qualatex) 사의 24"짜리 버블풍선을 사용하였다.

- **RC 송수신기 콤보**: 하비킹닷컴에서 찾아보자(P/N HK-T6A-M2).

- **2개의 ESC**: 6A짜리 하비킹 제품을 사용하였다(Hobbyking.com, P/N 261000001).

- **배터리**: 460mAh 용량의 터니지 나노테크 리포 배터리를 사용하였다 (Hobbyking.com, P/N N460.3S.25).

아두이노 부품

아두이노로 비행선을 제어할 계획이라면 RC 송수신기 대신 다음 부품을 사용한다.

- **아두이노 우노**UNO **혹은 마이크로**: 5장에서는 마이크로를 사용하였지만 우노UNO가 일반적으로 더 많이 쓰인다. 이번 프로젝트에서는 2가지 아두이노 사용법을 모두 알아본다.
- **2개의 초음파센서**: PING 호환 센서를 사용하였다(Jameco.com; P/N 2206168).
- **배선용 와이어**: Sparkfun.com에서 점퍼를 구입하였다(P/N 11026).

조립 과정

비행선 조립을 위해 다음 단계를 따라 진행한다.

1. 그림 7.6과 같이 곤돌라 상자를 조립한다. 나는 1/8인치 두께의 자작나무를 레이저 커팅한 후 접착제를 발라 집게로 고정하였다. 사실 이렇게 할 필요는 없고 가볍고 단단한 상자라면 무엇이든 활용이 가능하다.

그림 7.6 섀시 박스를 조립후 접착제를 바르고 클램프로 고정하였다

2. 축을 추가한다. 목재봉을 곤돌라 사이로 통과시키고 양쪽으로 각각 6인치
   튀어나오도록 한다. 목재 와셔(레이저 커팅 설계에 포함된 부품)를 목공 접착제로
   목재봉에 고정한다. 그림 7.7에서 목재 와셔가 어떻게 보여야 하는지 알 수
   있다.

그림 7.7 목재봉의 고정을 위해 목재 와셔를 사용한다

3. 와셔에 바른 접착제가 마를 동안 모터 마운트를 조립한다. 그림 7.8에서 마
   운트의 형태를 확인할 수 있다. 각각의 모터를 위해 두 개의 마운트를 제작
   한다.

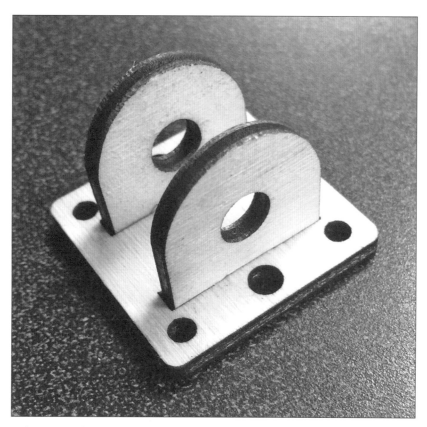

그림 7.8 모터 마운트를 조립하고 접착제로 고정하였다

4. 접착제가 모두 마르면, 모터 마운트를 목재봉에 밀어 놓고 그림 7.9와 같이 접착제로 고정한다. 2개의 마운트가 향하는 방향은 동일해야 한다.

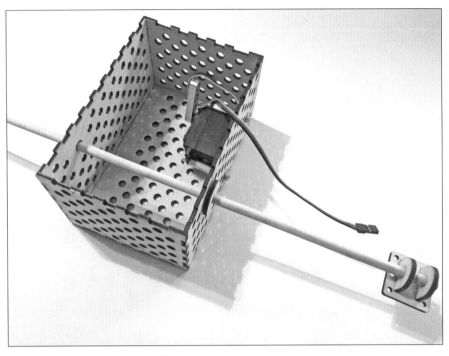

그림 7.9 모터 마운트를 제자리에 접착한다

5. 모터 마운트의 접착제가 마를 동안 #6 스텐드오프와 기타 부품을 이용하여
   서보를 설치한다. 이와 동시에 서보에 함께 딸려오는 나사를 이용하여 서보
   암을 서보에 장착한다. 장착한 모습은 그림 7.10을 참고한다.

6. M2 나사와 너트를 이용하여 모터를 마운트에 장착한다. 나사 잠금 접착제나
   잠김 너트를 사용하는 것이 좋다. 모터를 설치하면 중력에 의해 그림 7.12와
   같이 모터가 바닥을 향에 돌아가게 된다.

7. 6장에서 했던 것과 같이 프로펠러 어댑터를 이용하여 프로펠러를 고정한다.
   이 단계를 마치면 그림 7.12처럼 된다.

그림 7.10 서보와 서보암을 설치한다

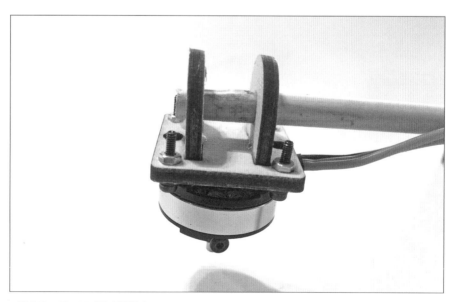

그림 7.11 그리고 모터를 설치한다

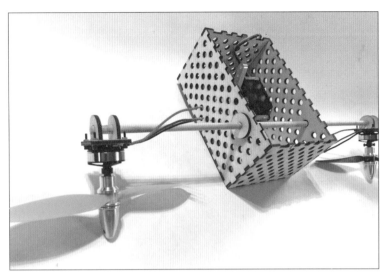

그림 7.12 그 다음에 프로펠러와 프롭 어댑터를 설치한다

8. 그림 7.13과 같이 ESC를 집 타이를 이용하여 목재봉에 고정한다. 이때 전원
   이 들어가는 빨간선과 검은선은 곤돌라를 향해야 하여 모터에 연결하는 빨
   강-파랑-검정선은 모터쪽을 향해야 한다.

그림 7.13 집 타이를 이용하여 ESC를 목재봉에 고정한다

9. 그림 7.14와 같이 집 타이를 이용하여 곤돌라에 LiPo 배터리를 고정한다.

그림 7.14 집 타이를 이용해서 배터리를 고정한다

10. 그림 7.15와 같이 집 타이를 이용해서 수신기를 곤돌라에 고정한다. 수신기는 가급적 앞쪽에 설치하여 변속기와 가까운 위치에 놓이도록 한다.

그림 7.15 집 타이로 수신기를 곤돌라에 고정한다

11. 이제 목재봉이 움직일 수 있도록 서보와 연결하는 작업을 한다. 타이밍 벨트의 일부를 목재봉에 접착하고 접착제가 다 마르면 벨트를 목재봉 주위로 단단하게 몇 바퀴 감아준다. 나는 그림 7.16과 같이 스테이플러로 벨트를 목재봉에 우선 고정하고 글루건으로 접착하였다.

그림 7.16 목재봉에 벨트를 스테이플과 접착제로 고정하고 몇 바퀴 감아준다

12. 벨트를 고정했으면 프로펠러가 지면을 향하도록 목재봉을 돌린다. 사실 중력 때문에 어찌 되었든 프로펠러는 지면을 향하게 된다. 그리고 서보암이 전방 대각선으로 기울어지도록(그림 7.17) 하고 벨트의 끝을 집 타이로 고정한 후 서보암과 연결된 1인치 길이의 #4 나사에 벨트의 끝부분을 끼워 넣어 고정한다. 이제 서보암이 뒤쪽으로 움직이게 되면 모터가 전방을 향하게 된다. 이제 비행선은 앞 그리고 윗쪽으로 움직일 수 있게 되었다.

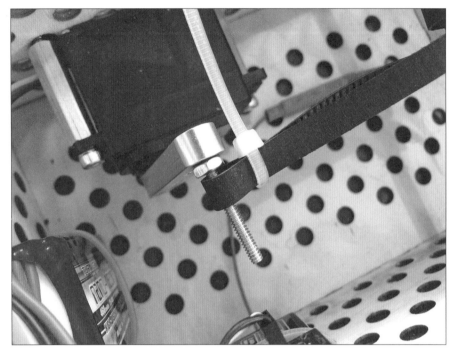

그림 7.17 서보암에 연결된 #4 나사에 집 타이를 이용하여 타이밍 벨트를 고정한다

13. 배선을 전부 연결한다.

　a. 모터와 ESC의 빨강, 파랑, 검정 전선을 꼬아서 연결한다. 그림 7.18을 보면 빨간선을 어떻게 처리하였는지 알 수 있다. 전선을 좀 더 깔끔하게 처리하고 싶다면 불릿 커넥터를 사용하는 방법에 대해 10장에서 알아본다. 이 커넥터는 두 개의 와이어를 임시로 연결하는 데 가장 좋은 방법이라 할 수 있다.

　b. ESC의 반대쪽에는 가느다란 선 세 가닥 끝에 플러그가 붙어 있는 것이 있고 독립된 빨강색과 검은색의 전선이 있다. 각 ESC의 빨강색 전선은 배터리의 양극에 연결하며 검은색 선은 음극에 연결한다. 각 전선을 꼬

아 그림 7.19와 같이 연결한다. 그리고 전선의 금속이 노출된 부분은 전열테이프로 감싸준다.

이 프로젝트에 사용한 배터리에는 4가닥의 충전용 와이어와 이보다 무거운 주 전원용 와이어로 구성되어 있다.

이전 단계에서 언급한 것처럼 10장에서 전기 배선을 좀 더 세련되게 하는 방법 즉, 한 개의 배터리에서 쿼드콥터나 여러 개의 모터에 전원을 공급하는 장치인 전기 배선Wiring harness에 대해 알아본다.

그림 7.18 모터에서 나오는 3개의 전선을 ESC의 전선과 연결한다

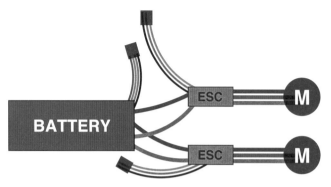

그림 7.19 각각의 ESC에서 나오는 선을 배터리의 극선에 맞게 연결한다

   c. ESC의 플러그가 달린 세 가닥 선을 수신기와 연결한다. 이때 그림 7.20
과 같이 검은색 선이 안테나의 반대쪽으로 가도록 하여 채널 2와 3번에
연결한다. 그리고 서보에서 나오는 선을 채널 6에 연결한다.

그림 7.20 ESC와 서보를 수신기와 연결한다

팁

선을 꼬아서 연결하는 것은 좋은 방법이 아니다. 8장에서 산업 표준의 전선 연결 방법인 불릿 커넥터를 설명할 것이다.

아두이노를 이용한 자동제어

수신기 대신 그림 7.21과 같이 아두이노와 한 쌍의 초음파센서를 장착할 것이다. 초음파센서가 아두이노의 자동제어를 도와준다.

사실, 곤돌라의 제어를 RC에서 아두이노로 변경하는 작업은 매우 간단하다. ESC의 신호선을 아두이노의 디지털 핀과 연결하여 수신기와 같은 역할을 하도록 해주면 되는 것이기 때문이다. 전파가 없기 때문에 프로그램으로 제어가 이루어진다는 차이가 있다. 일반적으로 ESC 프로그래밍을 가장 먼저 해야 한다. ESC를 프로그램하는 방법은 각 ESC의 설명서를 따른다. 8장에서 ESC에 대해 조금 더 알아본다.

이제 센서에 대해서 이야기해보자. 비행선이 날아가면서 장애물을 피하는 데 더 이상 조종사의 눈에 의지하지 않기 때문에 비행선을 위한 눈이 필요하다. 우리는 이 역할을 해 줄 한 쌍의 Ping 호환의 초음파센서를 사용할 것이며 하나는 전면에 부착해 전방에 있는 장애물을 파악하도록 할 것이고 다른 하나는 아래쪽에 부착하여 비행선이 떠 있는 높이를 측정한다. 다음에 나올 과정을 따라가면서 직접 제작해 보자.

1. 집 타이를 이용하여 초음파센서(그림 7.12에는 한 개의 센서가 보인다)를 곤돌라에 고정한다. 하나는 아래를, 다른 하나는 전방을 향하도록 한다.

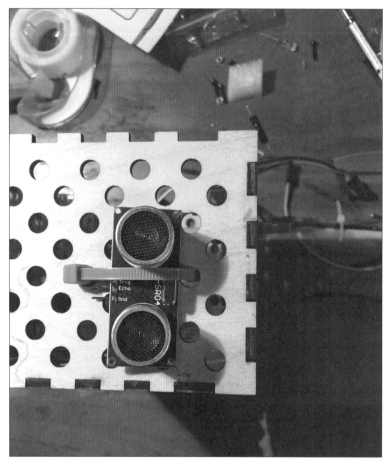

그림 7.21 초음파센서는 비행선의 눈 역할을 한다

2. 수신기를 떼어내고 아두이노로 교체한다. 배선은 그림 7.22와 같이 한다.

   a. 초음파센서의 신호선을 각각 핀 7번과 8번에 연결하고 GND는 아도이노
      의 GND에, VCC 핀은 아두이노의 5V 출력에 연결한다.

   b. ESC의 데이터선을 디지털 핀 10번과 11번에 각각 연결한다(그림 7.22에서
      자주색 선과 오렌지색 선)

   c. 서보의 데이터 선을 디지털 핀 9번에 연결하고 서보의 전원을 아두이노
      의 5V 출력에, 접지는 GND에 연결한다.

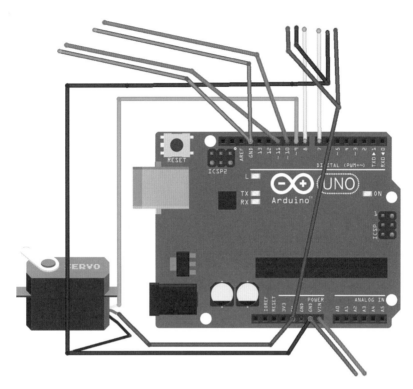

그림 7.22 수신기가 있던 자리에 아두이노를 설치한다

코드

다음 코드를 아두이노에 업로드하여 아두이노가 비행선을 자동으로 제어할 수 있도록 한다. 어렵지 않은 단순한 코드다.

```
// 이 코드는 데이비드 멜리스(David A. Mellis)의 PING 초음파센서 스케치 프로그램을 기반으로
만들었다.
#include <Servo.h>

Servo leftESC, rightESC, axleServo;
const int usPin1 = 7; // 벨리 초음파
const int usPin2 = 8; // 포워드 초음파
long duration1, inches1, cm1;
```

```
long duration2, inches2, cm2;
void setup() {
  axleServo.attach(9);
  leftESC.attach(10);
  rightESC.attach(11);
  Serial.begin(9600);
}
void loop()
{
  // 변수를 선언하고 읽는다.
  pinMode(usPin1, OUTPUT);
  digitalWrite(usPin1, LOW);
  delayMicroseconds(2);
  digitalWrite(usPin1, HIGH);
  delayMicroseconds(5);
  digitalWrite(usPin1, LOW);
  pinMode(pingPin1, INPUT);
  duration1 = pulseIn(usPin1, HIGH);
  cm1 = microsecondsToCentimeters(duration1);

  if (cm1 < 2000) // 곤돌라가 2미터 고도 밑으로 떨어졌을 때 작동된다.
  {
    axleServo.write(100); // 프로펠러를 켜서 떨어지는 것을 막는다. 필요한 만큼 조정한다.
    delay(15);
    leftESC.write(100);    // 변속기 양쪽을 필요한 만큼 조정한다.
    rightESC.write(100);
    delay(30);
    axleServo.write(100); // 프로펠러를 켜서 다시 전진시킨다. 필요한 만큼 조정한다.
    delay(1000);
  }
  // 다른 센서에도 동일하게 작업을 수행한다.
  pinMode(usPin2, OUTPUT);
  digitalWrite(usPin2, LOW);
  delayMicroseconds(2);
  digitalWrite(usPin2, HIGH);
  delayMicroseconds(5);
  digitalWrite(usPin2, LOW);
  pinMode(usPin2, INPUT);
```

```
  duration2 = pulseIn(usPin2, HIGH);
  cm2 = microsecondsToCentimeters(duration2);
  if (cm2 < 3000)          // 곤돌라가 벽에서 3미터 이내로 접근했을 때 작동된다.
  {
    rightESC.write(100); // 필요한 만큼 조정한다.
    delay(100);
  }
}

long microsecondsToCentimeters(long microseconds)
{
  return microseconds / 29 / 2;
}
```

요약

이번 장에서는 드론 제작자들이 흥미로워 할 내용인 RC와 비행선 제작을 알아
보았다. 8장에서는 오토파일럿과 플라이트 컨트롤러를 포함하는 RC 시스템을
좀 더 자세히 알아보고 직접 만들어 보자.

8장

쿼드콥터 제작 3: 비행 제어

비행 제어 시스템은 쿼드콥터를 성공적으로 만들기 위한 핵심이다. 간단히, 4개 혹은 그 이상의 모터를 수동으로 제어가 가능할까를 생각해 보면 된다. 각각에 모터로 들어가는 전력의 제어, 자동 수평 비행, GPS 항법 등을 오토파일럿이 해주는 것과 수동으로 모든 것을 하는 것은 비교가 되지 않을 것이다.

이번 장에서는 쿼드콥터에 거의 표준적으로 탑재되는 3가지 요소인 전자변속기(ESC), 플라이트 컨트롤러(FC), 그리고 수신기가 어떻게 작동하는지 알아보고, 기초를 공부한 뒤에는 그림 8.1에 나와 있는 아두이노 기반의 상업용 오토파일럿 제품인 멀티위MultiWii를 설치한다.

ESC 학습

이전에 언급한 바와 같이 전자변속기(ESC)가 모터에 전력을 공급하기 때문에 수신기나 비행 제어 시스템에서는 모터에 직접적으로 전력을 주지는 않는다(그림 8.2). ESC에는 전원이 들어가는 두 개의 전선과 출력이 나와 모터와 연결되는 2개 혹은 3개의 전선 그리고 수신기 혹은 플라이트 컨트롤러와 연결하는 데이터 선으로 구성되어 있다. 몇몇 ESC의 특성은 배터리의 직류 전원을 쿼드콥터의 모터를 구동하는 3상 교류 전원으로 바꿔주기 때문에 직류인 배터리로 교류 모터를 작동시킬 수 있는 것이다.[1]

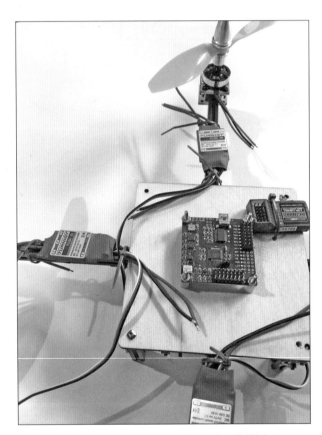

그림 8.1 이번 장에서는 멀티위 플라이트 컨트롤러를 설치한다

---

1 최근 사용되는 브러시리스 모터용 ESC가 직류를 교류로 바꿔준다. – 옮긴이

ESC는 공장에서 셋팅되어 나오기도 하지만 특정 타입의 드론에서 사용하기 위해 사용자가 임의로 설정하는 것도 가능하다. 예를 들어 비행기 스타일의 UAV에는 추친을 위한 한두 개의 모터와 에일러론이나 러더를 움직이는 서보가 들어 있는데 어떤 ESC에는 배터리의 전압이 낮아지면 모터로 가는 전원을 차단하고 남은 배터리로 조종면만 움직일 수 있도록 할 수 있다.

전자변속기의 종류는 워낙 다양하고 유사한 사양의 제품들도 많이 있기 때문에 ESC에 돈을 들이기 전에 비슷한 것을 제작하는 다른 이들은 어떤 것을 사용하는지 관찰하는 것도 좋은 방법이다. 하지만 운 좋게도 로 엔드low-end ESC는 가격이 저렴하다.

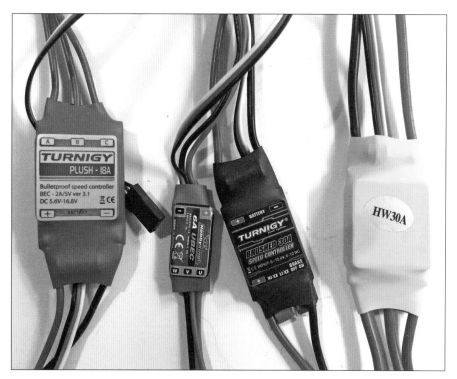

그림 8.2 프로젝트에 적합한 ESC를 선택하자

일반적인 ESC

다음에 소개할 ESC는 매우 일반적이지만 품질은 좋다.

- XXD HW30A: 30A의 전류를 공급할 수 있고 순간 출력 40A를 10초간 낼 수 있다(그림 8.3). 안전 시동 기능이 있어서 스로틀이 올라간 채로 전원이 들어가도 모터가 갑자기 돌아가지 않는다. 송신기를 이용하여 배터리 타입이나 전원차단 기능 등을 설정할 수 있다. 설정에 대해서는 이번 장의 후반부에서 설명한다.

- 터니지Turnigy 브러시드 30A ESC: 이 변속기(그림 8.4)는 출력선이 3개가 아니라 2개뿐이다. 이 제품은 우리의 쿼드콥터 프로젝트에 사용하는 교류 아웃러너 모터용이 아니라 구형의 직류 브러시드 모터용이기 때문이다. 다른 제품의 경우 송신기로 설정값을 바꿀 수 있는 것에 비해 이 제품의 경우 점퍼(금속 전도체가 들어 있는 작은 플라스틱 부품)를 사용하여 배터리 타입과 브레이크 딱 2개만 설정할 수 있다. 가격이 매우 저렴하여 Habbyking.com에서 8불 정도에 구입이 가능하다.

그림 8.3 HW30A는 다용도로 사용할 수 있는 30A짜리 ESC이다

그림 8.4 이 30A ESC는 브러시드 직류 모터용이다

- **하비킹 6A UBEC:** 그림 8.5와 같이 이 날씬하고 작은 제품 또한 가격이 7불로 매우 저렴하다. 이 변속기로 2셀 및 3셀짜리 LiPo 배터리를 사용할 수 있지만 큰 용량의 전류를 다루도록 만든 변속기는 아니다. 이 제품은 전류가 0.5A 이하로 떨어지면 전류를 차단하기 때문에 UBEC_{Universal Battery Eliminator Circuit}이라고 한다.

그림 8.5 이 작은 하비킹 제품은 저 전력 프로젝트에 적합하다

ESC 프로그래밍

프로그래밍이 가능한 ESC에는 마이크로컨트롤러 칩이 내장되어 있어 이곳에 배터리 종류나 항공기의 종류(비행기인지 헬기인지 등), 브레이킹, 스로틀 레인지 throttle range 및 이외의 여러 가지 설정값을 저장할 수 있다. 비싼 ESC일수록 더 많은 설정 옵션을 제공한다.

이제 쿼드콥터 프로젝트에서 사용할 Turnigy Plush 30A ESC를 설정하는 방법에 대해서 알아보자. 여러분이 구입한 ESC가 내 것과 다를 수도 있고 설정할 수 있는 옵션도 다를 수 있기 때문에 구입 전에 해당 제품의 데이터 시트를 확인하는 것이 좋다. RC 수신기를 사용하거나 아두이노를 통해 ESC를 제어하던 간에 ESC를 처음으로 사용할 때에는 반드시 프로그래밍을 해줘야 한다.

1. 송신기를 켜고 그림 8.6과 같이 스로틀 스틱이 맨 위에 위치하도록 한다.[2] ESC에 전원을 넣는다.

   ESC에서 신호음이 나는데 5초를 더 기다리면 다른 신호음이 난다. 이는 프로그램 모드에 진입했다는 의미이다.

   ESC의 8가지의 조정 가능한 아이템을 설정할 수 있는 각각의 모드를 순환하게 되는데 신호음이 바뀌면서(예를 들어 짧은 비프음이 한 번 울리기) 현재 어떤 아이템을 설정할 수 있는 상황인지 알 수 있다. 설정하고 싶은 옵션에 이르면 스로틀 스틱을 아래로 내린다.

   - **브레이크(짧은 비프음 1회):** 브레이크 기능을 설정(짧은 비프음 2회) 혹은 해제 (1회)[3]

   - **배터리(짧은 비프음 2회):** 비프가 한번 울리면 Li-On 혹은 Li-Po 배터리, 두 번 울리면 NiMh 혹은 NiCd 배터리이다.

   - **컷 오프 모드(짧은 비프음 3회):** 전압이 내려갔을 경우 ESC가 어떻게 작동할지 설정한다. 비프가 한 번 울리면 ESC에서 출력하는 전력을 줄여서 부드럽게 착륙하도록 해주고 비프가 두 번 울리는 것을 선택하면 배터리가 닳았을 때 모터로 가는 전력을 차단한다.

   - **컷 오프 스레시홀드**threshold**(짧은 비프음 4회):** 컷 오프가 작동했을 때 유지되어야 하는 전력을 설정한다. 비프음 '1회면 저, 2회면 중, 3회면 고'이다.

---

2 원본에는 스로틀을 맨 아래로 내리고 변속기에 전원을 넣게 되어 있지만, 오류이며 실제로는 스로틀을 맨 위로 올린 채로 변속기와 배터리를 연결해야 프로그래밍 모드로 진입한다. 그림 8.6에서는 왼쪽 스틱을 보여주고 있지만 국내에서 많이 사용하는 Mode1 송신기의 경우 오른쪽 스틱이 스로틀 역할을 한다. 자신의 송신기 Mode가 1인지 2인지 알고 있어야 한다. – 옮긴이

3 비행기용 ESC에서 브레이크 기능을 설정하면 비행 중에 스로틀을 맨 아래로 내렸을 때 프로펠러가 회전하지 않는다. 주로 접히는 프로펠러 즉 폴딩 프롭을 사용하는 글라이더 형태의 비행기에서 사용한다. – 옮긴이

그림 8.6 ESC 프로그래밍을 위해 송신기를 사용한다.

- **스타트업 모드(긴 비프음 1회):** 쿼드콥터가 이륙할 때의 빠르기를 설정한다. 보통 (비프음 1회)으로 설정할 경우 드론이 하늘로 치솟기 때문에 비행기에 사용할 때만 설정한다. 소프트(비프음 2회)로 하면 좀 더 부드럽게 이륙하며 수퍼소프트(비프음3회)로 설정하면 훨씬 부드러워진다. 쿼드콥터에는 소프트나 수퍼소프트로 설정한다.

- **타이밍(긴 비프음1회, 짧은 비프음 1회):** 기본 설정값은 저(비프음 1회)로 되어 있으며 대부분의 모터에 적합하다. 고효율 모터나 6폴 이상의 모터를 사용할 경우에는 중(비프음 2회)이나 고(비프음 3회)로 설정해서 사용하기도 한다.

- 모든 설정 초기화(긴 비프음 1회, 짧은 비프음 2회): 사용자가 설정한 값을 모두 초기화한다.
- 프로그램 메뉴 나가기(긴 비프음 2회): 프로그램 메뉴에서 빠져 나와 비행을 할 수 있다.

소리 신호보다 시각적인 신호를 선호하는 사용자들에게는 프로그래밍 카드가 편리하다. 이 저렴한 프로그래밍 카드에는 LED가 장착되어 있어 ESC의 설정값을 한눈에 볼 수 있다. 또한 수신기가 없이도 ESC 프로그래밍이 가능하며 조이스틱보다 훨씬 빠르게 설정할 수 있다.

수신기

비행에 필요한 두 번째 전자 부품은 수신기 있다. 이 책의 앞에서 여러 번 언급했지만 수신기를 선택하는 것은 그리 어렵지 않다. 수신기의 사양을 결정하는 것은 크게 채널 수, 안테나의 형태, 주파수, 변조 방식의 4가지가 있다. 수신기를 선택하는 것은 채널 수를 고르는 것과 상통한다.

각 채널을 통해 장치를 제어하는 정보들이 전달되기 때문에 일반적으로 얼마나 많은 장치들을 조작할 것인가에 따라 채널 수가 결정된다. 예를 들어 기본적인 비행기에서 랜딩 기어를 작동시키는데 1개의 채널, 러더를 작동하는 데 1개의 채널이 필요하다. 일반적인 항공기용의 경우 3채널부터 8채널까지 다양한 제품이 있으며 하이엔드 제품의 경우에는 12개 이상의 채널을 지원하는 경우도 있다.

멀티콥터의 경우 수신기의 채널 수보다 많은 모터가 달려 있다는 단순한 사실 때문에 좀 더 복잡해진다. 수신기가 각각의 모터와 연결되는 대신 플라이트 컨트롤러가 각각의 모터를 제어하며 수신기는 플라이트 컨트롤러와 연결되며 수신기는 오로지 스로틀 및 항공기의 3가지 움직임인 롤Roll, 요Yaw, 피치Pitch만 관여한다. 롤은 Y 축을 중심으로 회전하는 운동으로써 화살이 날아갈 때 회전하는 것을 생각하면 된다. 요우는 팽이와 같이 Z축을 중심으로 회전하는 운동이며 피치는 X축을 중심으로 회전하는 운동으로써 공중제비 넘는 것을 생각하면 된다. 드론 조종사는 이 4개의 요소를 제어하여 기체를 조종하게 된다.

이런 방식으로 멀티콥터를 조종하기 때문에 옥토로터(모터 8개짜리 콥터)라 해도 기본적으로 4채널만 있으면 조종이 가능하다. 따라서 쿼드콥터 조종을 위해 100불이 넘는 가격의 16채널 수신기를 구입하는 것은 낭비라고 할 수 있다.

수신기는 매우 단순하다. 수동적으로 신호를 받아서 플라이트 컨트롤러나 ESC를 제어한다. 수신기보다는 송신기 쪽이 훨씬 흥미롭다.

핵심은 송신기에 맞는 수신기를 구입해야 한다는 점이다. 송신기가 아직 없다면 송수신기 세트를 구입하는 것도 좋다. 내가 추천하는 제품은 하비킹에서 판매하는 HK-T6A 모델로써 6채널, 2.4GHz 사양의 송/수신기 세트 가격이 28불(그림 8.7)밖에 되지 않는다. 아마 가장 저렴한 세트가 아닐까 싶다.

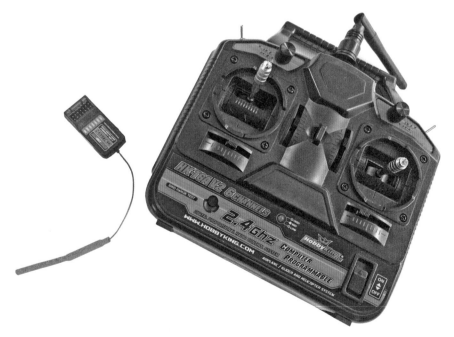

그림 8.7 이 책에서 사용한 하비킹 수신기는 매우 일반적인 6채널 수신기이다

플라이트 컨트롤러

플라이트 컨트롤러Flight Controller(이하 FC)는 쿼드콥터의 뇌이다. FC는 마이크로컨트롤러를 비롯하여 쿼드톱터의 자동 비행에 필요한 가속도계, 기압계, 자기계 및 기타 다양한 센서로 구성되어 있다.

수동으로 조종하고 있더라도 아주 간단한 FC를 탑재했다면 FC는 기체의 고도를 일정하게 유지하도록 해줄 수 있기 때문에 조종사는 고도에 대해 신경 쓸 필요 없이 방향 전환에만 집중을 할 수 있다.

굉장히 많은 부분들이 자동화되어 있는데, 예를 들어 자동으로 고도를 유지하도록 하는데 송신기에서 아무것도 할 필요가 없으며 이 기능은 백그라운드에서 작동되기 때문에 그냥 비행을 즐기기만 하면 되는 것이다.

오작동이 발생했을 경우에도 FC에서 단계별로 자동 대처할 수 있도록 되어 있다. 예를 들어 RC가 추락을 감지하게 되면 낙하산이 펴지도록 하는 것도 가능하다(추락으로 인해 쿼드콥터가 부서지는 것은 이 취미의 슬픈 숙명이다).

플라이트 컨트롤러의 예

이제 시장에 나와 있는 여러 가지 FC 중에서 고른 3가지 FC에 대해서 알아보자.

호버플라이 오픈

그림 8.8에 나와 있는 호버플라이Hoverfly는 호버플라이 제품군 중에서 가장 간단하 엔트리 제품이며 GPS가 내장된 가장 고급 제품인 호버플라이 프로Hoverfly Pro는 가격이 900불 정도 한다.

그림 8.8 호버플라이 오픈 플라이크 컨트롤러에 ESC와 수신기를 연결한다

호버플라이 오픈Open은 쿼드콥터는 물론 헥사콥터, 옥타콥터의 FC로 사용이 가능하며 5채널짜리 송수신기로 조종이 가능하다.

호버플라이는 최근 많은 쿼드콥터 팬들이 장착하는 움직이는 카메라 마운트 인 짐벌을 조종할 수 있는 미니 컨트롤러 기능도 탑재중이다.

아두파일럿

다음에 보여줄 플라이트 컨트롤러는 아두파일럿Ardupilot이다. 아두파일럿이라는 이름에서 추측할 수 있듯이 아두이노를 이용한다(그림 8.9). 이 플랫폼은 2007년에 드론 팬들의 온라인 포럼인 DIYDrones 커뮤니티에서 개발하였다.

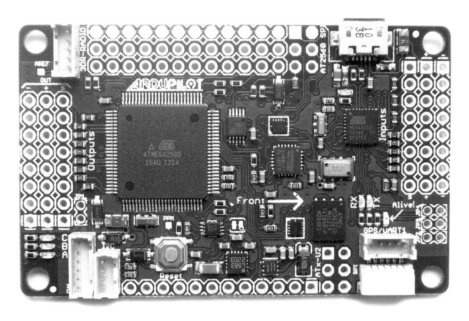

그림 8.9 아두파일럿과 오픈소스 하드웨어가 합쳐져 드론을 재미나게 날릴 수 있다 (출처: Explore Labs)

초기 버전의 경우에는 쉴드라고 하는 특별한 에드온 보드를 장착하여 이것을 통해 수신기나 ESC, 가속도계, 자기계 등의 센서를 연결할 수 있도록 되어 있었지만 지금은 아두이노의 발전으로 인해 에드온 보드를 거치지 않고 직접 연결할 수 있도록 되어 있어 공간과 무게를 줄일 수 있다.

이 프로젝트의 멋진 점 중 하나는 오픈소스 하드웨어 운동의 특징으로써 누구나 아두파일럿 프로젝트에 기여할 수 있다는 점이며 또 여기서 아두로버ArduRover, 아두플레인Arduplane 그리고 아두콥터ArduCopter와 같은 특별한 목적에

맞는 보드설계를 하는 파생 프로젝트도 등장하게 되었다. 좀 더 자세한 내용은
Ardupilot.com에서 확인할 수 있다.

멀티위

멀티위MultiWii는 원래 게임기 위Wii에서 사용하는 눈차크와 모션 플러스 컨트롤
러를 이용하여 드론을 조종할 수 있도록 하기 위해 설계한 단순하면서도 우아
한 플라이트 컨트롤러다. 비록 송수신기 시스템과 같은 주류에 밀리기는 했지만
Wii 소프트웨어에서 여전히 지원한다.

그림 8.10 나도 예전에 멀티위를 이용해서 쿼드콥터를 제작했던 적이 있다

멀티위는 아두이노 우노에 탑재된 것과 동일한 Atmega328P 마이크로컨트롤러 칩을 사용하고 있으며 8개의 모터 출력과 2개의 서보 출력, 가속도계과 자이로스코프를 장착할 수 있다.

다양한 종류의 멀티위 보드를 여러 스토어에서 구매가 가능하며 오픈소스 프로젝트이기 때문에 누구든 취향에 맞는 멀티위 호환 하드웨어를 만들 수 있다. 자세한 내용은 MultiWii.com에서 알아볼 수 있다.

내가 가진 것과 동일한 멀티위 제품은 Hobbyking.com에서 30불 정도에 구입할 수 있다.

전자 비행 부품 설치

이번 장에서 설명한 ESC, 수신기 그리고 컨트롤러 등의 부품을 드론에 장착해 보자. 장착은 이번에 하지만 10장에서 각 부품을 연결하기 전까지는 각 부품들은 작동하지 않는다.

부품

전자 비행 부품의 장착을 위해서는 다음과 같은 부품이 필요하다. 맨 아래에 있는 부품을 제외하고는 대부분 철물점 등에서 구입이 가능하다.

- 드릴과 드릴 날
- 벨크로 밴드(찍찍이)
- 집 타이
- 양면 테이프
- 와셔와 너트가 포함된 #4x1" 나사 4개
- #4x3/8" 스탠드오프 4개(SparkFun P/N 10461)

ESC 설치

벨크로나 집 타이를 이용하여 각각의 ESC를 붐에 하나씩 설치한다. 하지만 이때 집 타이를 느슨하게 하여 ESC를 쉽게 뺄 수 있도록 한다. 뒤에서 나올 10장에서는 특별한 커넥터를 이용하여 각종 전선을 연결하게 되는데 연결을 끝낸 후 집 타이를 세게 고정할 것이다.

ESC의 모터용 선 3개는 당연히 모터가 있는 쪽을 향해야 하고 전원선과 데이터 선은 콥터의 중심부를 향해야 한다. ESC를 붐의 아래쪽에 장착하기를 원할 수도 있을 것이다. ESC를 아래에 장착하게 되면 윗면이 보기에 더 깔끔해지며 ESC가 정사각형 목재판의 아래쪽에 장착할 배터리와의 거리가 더 짧아진다는 장점이 있다.

플라이트 컨트롤러 장착

멀티위의 PCB에는 섀시에 보드를 장착하기 위한 4개의 구멍이 있는데 이 구멍을 이용해서 나무판에 표시를 하고 구멍을 뚫는다. 바닥쪽에서 윗쪽 방향으로 와셔를 넣은 4개의 #4 나사를 넣고 나일론 스텐드오프를 끼운 후 그 위에 멀티위를 얹고 너트로 고정한다. 결과물은 그림 8.12와 같다.

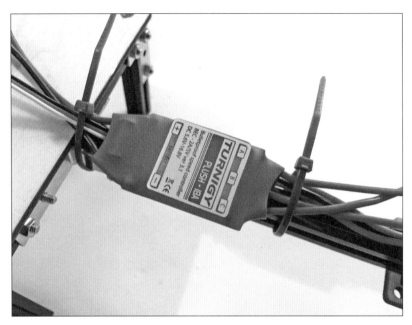

그림 8.11 집 타이를 너무 쎄게 조이지 말자

그림 8.12 구멍을 뚫고 나사와 스텐드오프를 이용하여 멀티위를 고정한다

수신기 장착

이 프로젝트에서 수신기는 집 타이로 고정하며 양면 테이프를 이용하는 것도 가능하다. 목재판에 구멍을 뚫고 집 타이를 통과시켜 그림 8.13처럼 수신기를 장착한다.

그림 8.13 구멍에 집 타이를 통과시켜 수신기를 고정한다

요약

이번 장에서는 ESC, 수신기, 플라이트 컨트롤러로 구성된 비행 부품을 장착하는 방법에 대해서 알아보았다. 또한 ESC가 프로젝트에 더 적합하게 작동하도록 하기 위해 설정하는 방법도 알아보았다. 9장에서는 드론 제작에 필요한 공구에 대해서 알아본다.

9장

드론 제작자의 작업대

지금까지 이 책에서는 작고 큰 매우 많은 도구를 설명하였다. 이번 장에서는 드론 제작에 필요한 도구를 다룬다. 도구를 다음과 같은 단계로 나누어 알아볼 것이다.

- **설계**: 드론을 설계하고 컨셉을 잡는 데 필요한 도구를 다룬다.
- **제작**: 스크류 드라이버 및 볼트를 다루는 다른 도구를 다룬다.
- **측정**: 길이와 폭 및 지름 등을 측정한다.
- **절단**: 물체를 자르거나 구멍을 뚫는 도구를 다룬다.
- **배선**: 전기를 가지고 작업할 때 필요한 도구를 다룬다.
- **접합**: 접착제, 테이프 및 물체를 붙이는 방법을 다룬다.

- CNC: 레이저 커터, 3D 프린터 및 밀링 머신과 같은 컴퓨터 수치 제어 머신을 다룬다.

설계

프로젝트의 첫 번째 단계는 드론을 설계하는 일이다. 첫 번째 종이에 드론을 스케치한 뒤에 컴퓨터에서 실제 디자인을 작업한다. 최소한 다음 도구는 나에게 아주 유용하다. 다음은 설계에 필요한 도구들이다.

- **펜과 연필**: 컴퓨터의 노트를 저장한다고 하더라도 그림 9.1과 같이 손으로 직접 그리는 도구를 가지고 있는 것이 좋다.

- **노트와 그래프 종이**: 펜을 사용하는 경우 종이가 필요하다. 나는 설계할 때에는 주로 컴포지션 노트와 모눈종이(그래프 용지)를 사용한다.

- **프릿징**Fritzing: 내가 주로 사용하는 오픈소스 소프트웨어이며 Fritzing.org에서 다운로드할 수 있다. PCB를 제작하기 위해 회로도를 설계할 때뿐만 아니라 배선도를 그릴 때 주로 사용한다.

- **잉크스케이프**Inkscape: 잉크스케이프(Inkscape.org)는 어도비 일러스트레이터 또는 코렐드로우와 같이 비싼 프로그램이 필요 없는 사람들이 자주 사용하는 프로그램이다. 위 세 개의 프로그램은 모두 벡터 드로잉 프로그램이며 커브, 라인 및 도형을 이용하여 우리가 원하는 그림을 그릴 수 있다. 이 프로그램은 사진과 같은 이미지를 다루는 포토샵과 같은 래스터 아트 프로그램과 다르다. 나는 주로 레이저 커터에서 사용할 설계도를 만들기 위해 잉크스케이프를 이용한다.

- **스케치업**SketchUp: 로봇 제작자가 주로 사용하는 또 다른 인기 프로그램은 스케치업이다. 이 프로그램은 방대한 도형 라이브러리를 가지고 3D 모델링을 할 수 있다. 초고층 건물을 설계하거나 간단하게 생각하는 바를 만들고자

할 때 스케치업은 훌륭한 도구가 될 수 있다. 스케치업은 무료 버전과 상용 버전이 있고 상용 버전의 경우 수많은 훌륭한 기능이 해제되어 사용할 수 있다.

그림 9.1 다음 프로젝트는 종이와 연필을 사용하여 설계한다

제작

설계가 완료되었다면 지금부터 실제 도구를 사용하는 방법을 살펴보자. 이번 절에서는 너트, 볼트 등을 다루기 위해 드라이버와 렌치를 다루는 방법을 살펴본다. 그림 9.2에 나타난 도구 용어와 함께 다음을 살펴보자.

A. **멀티툴**Multitool: 모든 드론 제작자 및 RC 제작자는 멀티툴을 반드시 가지고 있어야 한다. 나는 SOG 툴 넘버 B61을 특히 좋아한다. B61에는 22개의 유용한 도구가 있다.

B. **라디오 펜치**Needle nose pliers: 이를 사용하면 작은 물체를 잡기에 편리하고 물체의 내부에 쉽게 접근할 수 있다.

C. **소켓 렌치**Socket Set: SK 소켓 세트(P/N 91848)이 매우 훌륭하다. 이 도구는 항상 필요하지 않다. 매일 이 도구를 사용하게 되지는 않지만 좀 더 무거운 하드웨어를 가진 큰 드론을 만들 경우 이 도구는 매우 훌륭하다.

D. **육각 렌치**Hex wrenches: 많은 드론들은 작은 크기부터 상당히 큰 크기의 육각 볼트를 많이 사용한다. 따라서 다양한 크기의 육각 렌치가 필요하다(이는 '앨런 렌치'라고도 한다). 나는 다양한 크기의 육각 렌치를 가지고 있지만 항상 새로운 크기의 육각 렌치가 필요하다. 가장 좋은 방법은 인치 및 mm 규격의 렌치가 포함된 큰 렌치 세트를 사는 것이다.

E. **정밀 드라이버 세트**Jeweler's screwdrivers: 드론 부품 중 대다수는 크기가 매우 작아 매우 작은 드라이버가 필요하다. 나는 주로 Tekton(P/N 2987)을 사용한다. 이 드라이버 세트는 정말 좋다. 이 드라이버 세트에는 표준 드라이버와 필립스 드라이버 이외에도 육각 암/수 드라이버도 같이 들어 있다.

F. **드라이버**Screwdrivers: 나는 프로젝트에서 항상 오래된 일반 스크류 드라이버를 사용한다. 하지만 여러분은 아마도 다양한 크기의 표준 및 필립스 스크류 드라이버를 사용하고 싶어할 것이다.

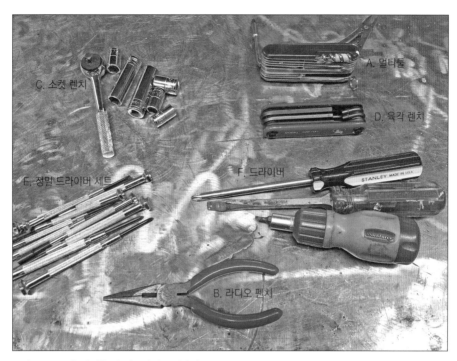

그림 9.2 드론을 제작할 때 필수적인 드라이버

측정

키트를 이용하여 RC를 만드는 경우, 부품이 미리 정확한 치수대로 만들어져 있기 때문에 아무것도 측정할 필요는 없다. 로봇을 제작하는 경우 정확하게 모든 부품의 치수를 측정할 수 있어야 한다. 그림 9.3은 내가 주로 사용하는 측정 도구다.

A. **캘리퍼**Caliper: 물체의 폭이나 직경을 측정할 수 있는 도구이다. 이 도구는 비싸지 않다. 필수 요소만 있는 캘리퍼는 25불 이하로 구할 수 있다.[1] 나는 항상 이 도구를 사용한다.

---

1 한국에서는 중국산 디지틀 버니어캘리퍼스를 1만원 이하로 구매할 수 있다. – 옮긴이

B. **자**Ruler: 짧은 자는 항상 필요하다. 사진의 제품은 Adafruit(P/N 1554)에서 구매한 제품인데, 일반적인 표면실장형 전자 부품 패키지를 위한 직경, 트레이스 폭, 풋프린트의 표준을 가지고 있기 때문에 이는 전자 마니아들이 많이 쓰는 도구이다.

C. **각도기**Protractor: 각도를 측정하기 위한 도구이다. 학교 앞 문방구에서 저렴한 각도기를 구입할 수 있으며, 전문점에서는 조금 좋은 각도기를 구할 수 있다.

D. **줄자**Measuring tape: 줄자는 반드시 필요한 도구 중 하나이다. 8피트 로봇을 만들지 않는 이상 큰 줄자는 필요 없다. 5불 미만으로 구입할 수 있는 줄자도 사용하는 데 전혀 무리 없다.

그림 9.3 각 측정 공구의 사용법을 숙지한다

절단

키트를 가지고 작업할 때 조차도 무엇인가를 잘라야 할 경우가 생긴다. 그림 9.4 에 있는 다양한 도구들은 절단 작업을 할 때 매우 유용하다.

A. **드릴**Drill: 이 DeWalt는 내가 제일 좋아하는 집수리용 도구이고 로보틱스 작업 시에도 자주 사용한다.

B. **드레멜**Dremel: 모든 하비스트가 즐겨 사용하는 로터리 툴이다. 코드 없는 드레 멜(P/N 8220)은 절단, 폴리싱, 천공 등에 적합하다.

C. **쇠톱**Hacksaw: 금속을 자를 때 사용하는 도구이다.

그림 9.4에는 없지만 X-Acto 나이프도 우리가 필요한 도구이다. 이 칼은 깨 지기 쉬운 플라스틱 커넥터나 레이저 커팅된 발사를 절단하는 작업과 같이 섬세 한 작업을 할 때 정말 좋은 도구이다.

그림 9.4 나무, 플라스틱 및 금속을 절단할 때 필요한 도구이다

배선

다음은 전기 작업에 필요한 여러 도구를 살펴본다(그림 9.5 참조). 7장에서 납땜 도구를 이미 다루었기 때문에 여기서는 간단히 설명하고 넘어간다.

A. **전원 서플라이**Power supply: 제작 중인 드론에 전원을 공급해야 하는 경우 완성품에서 사용하는 것과 동일한 배터리 팩을 사용하지만 배터리가 방전된 경우에는 드론의 문제점 찾기가 어렵다. 전원 서플라이를 사용하면 프로젝트에 필요한 볼트와 암페어로 조정된 DC 전원을 지속적으로 공급한다. 처음 RC를 시작하는 사람에게 반드시 필요한 장비는 아니지만 전원 서플라이가 있으면 분명히 편리하다. 나는 Extech 382202를 즐겨 사용하며 가격은 대략 100불 정도이다.

B. **와이어 커터**Wire cutter: 전선 작업을 할 때 이 바이스 그립 와이어 커터/스트리퍼(P/N 2078309)는 훌륭한 도구이다.

C. **전선 탈피기**Automatic wire stripper: 나는 전선 탈피기를 애용한다. 전선을 탈피기에 물리고 손잡이를 조이기만 하면 자동적으로 전선의 절연제가 탈피된다.

D. **납땜 장비**Soldering equipment: 7장에서 납땜 장비에 대해 다뤘고 사진 속의 인두는 7장에서 추천하였던 모든 납땜 장비를 대신한다.

E. **멀티미터**Multimeter: 이 장비는 전압, 저항, 전도율과 같은 전기 관련 데이터를 측정하는 휴대 장비이다. Jameco Electronics에서 판매하는 BenchPro BP-1562가 좋다. 이 훌륭한 장비의 가격은 10불부터 시작한다. 그림의 Fluke 미터는 좀 더 좋은 스펙을 가지고 있고 약 80불이다.

그림 9.5 전기 작업에 필요한 도구들이다

접합

드론 제작 시 접합이 필요할 때 너트와 볼트가 항상 제대로 동작하는 것이 아니다. 드론 부품을 붙이기 위해서 때로는 핫 글루나 양면 테이프 또는 집 타이를 사용한다. 그림 9.6의 다른 접합 도구를 사용할 수 있다.

A. **양면 테이프**Double-sided tape: 나는 양면 테이프를 매우 많이 사용한다. 양면이 끈적거리는 투명한 양면 테이프가 아니라 폼 형태의 테입(스카치의 1" 테이프)을 사용한다. 폼 테이프는 붙였다 벗겨냈을 때 지저분해지지 않는다.

B. **초강력 순간접착제**Super glue: 초강력 순간접착제 튜브를 다시 봉하거나 재사용하는 것은 어렵기 때문에 주로 일회용 미니 용기에 담겨 있는 것을 사용한다. 붙인 다음에 접착 부위를 말리거나 꽉 누른다.

C. **집 타이**Zip ties: 누구나 즐겨 사용하는 접합 도구는 집 타이다. 근처 RC가게나 쇼핑몰에서 여러 팩의 집 타이를 살 수 있다.

D. **벨크로**Velcro: 전선류를 묶을 때 좋은 방법이다. 집 타이와 비슷한 역할을 하지만 좀 더 고급스럽다.

E. **핫 글루**Hot glue: 누구나 핫 글루건을 가지고 있을 것이다.

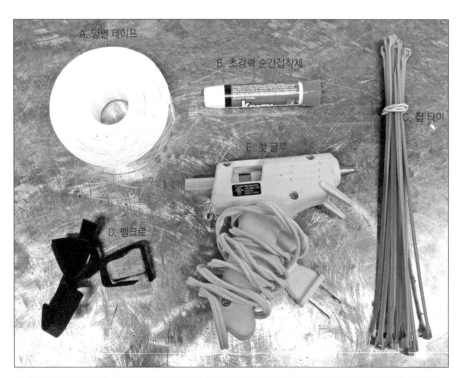

그림 9.6 나사로 작업할 수 없고 접착이 필요한 상황이라면 이 도구들 중 하나를 사용하면 해결할 수 있다

CNC

마지막으로 드론을 제작할 때 매우 유용하지만 비전문가에게 가이드하기에는 비싸고 복잡한 도구를 설명할 것이다. 이 도구들은 매우 비싼(약 10,000불 이상) 모델도 있지만 좀 더 저렴한 모델도 있고 대여도 할 수 있다. 대여의 경우 도구를 빌릴 수 있는 툴 라이브러리, 대학교 또는 해커스페이스와 같은 커뮤니티(도구를 사는 대신에 빌릴 수 있는 곳)를 설명할 것이다. 다음은 좀 더 큰 범주의 CNC 도구들이다.

- **레이저 커터:** 이 도구(그림 9.7)는 플라스틱과 나무를 자르는 데 사용된다. 여기에 적용하는 디자인은 Inkscape와 같은 벡터 그래픽 프로그램을 이용하여 만들면 된다. 다른 사람이 만들어 놓은 디자인에서 배울 수 있기 때문에 드론 제작자에게 훌륭한 도구이다. 드론 섀시를 레이저 커터를 사용해서 만들고 싶은가? 그러면 온라인상에서 바로 다운로드할 수 있는 드론 디자인을 찾을 수 있다. 레이저 커터를 이용하면 글루나 다른 접합 도구를 사용하지 않고 복잡한 구조체를 만들 수 있을 만큼 깨끗하고 정확하게 절단해준다.

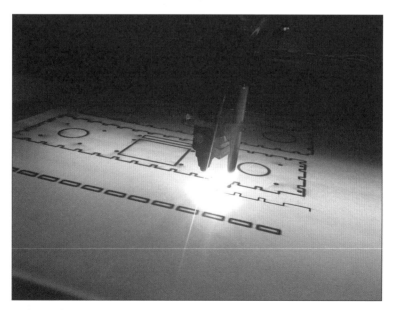

그림 9.7 빛을 이용해서 나무를 자르기 위한 가장 좋은 방법

- **3D 프린터**: 3D 프린터(그림 9.8)는 녹은 플라스틱 필라멘트를 적층하여 3차원 물체를 층별로 만든다. 레이저커터의 디자인처럼 3D 프린터 디자인도 인터넷에서 많이 구할 수 있다. 이렇게 하면 모든 작업을 스스로 직접 할 때보다 훨씬 더 빨리 프로토타입을 만들 수 있고 배울 수 있다. 드론을 제작할 때 3D 프린터를 가장 많이 사용하는 곳 중 하나는 서로 다른 컴포넌트를 붙일 수 있는 커넥터 부위이다. 이에 대한 예제는 12장에서 다른 카메라를 붙이기 위한 베이스뿐만 아니라 카메라 마운트도 프린트하였다.

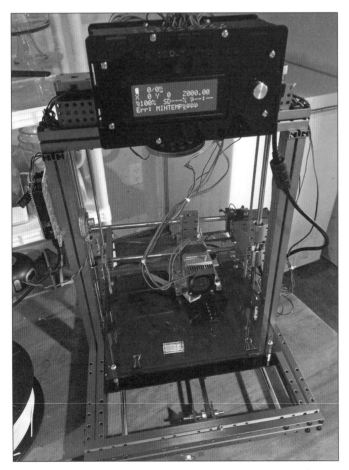

그림 9.8 3D 프린터는 플라스틱으로 3D 물체를 만든다

- **CNC 밀링머신**: CNC는 컴퓨터로 제어되는 로터리 툴이며 나무, 금속 및 플라스틱을 깎아 물체를 만들 수 있다. 이 도구는 매우 많은 비용이 드는 비싼 도구이지만 꼭 필요한 도구 중 하나이다. CNC 밀링머신은 컴퓨터로 제어되는 드레멜 또는 유사한 로터리 툴과 비슷하게 보인다. 빛으로 절단하는 레이저와 다르게 CNC 밀링머신은 라우터 비트(드릴 비트처럼 생겼다)를 사용하고 이들을 마모하면서 절단한다.

그림 9.9 CNC 라우터는 매우 좋지만 비싼 도구이다

요약

이번 장에서는 드론 제작자가 드론을 만들면서 겪는 과정 동안 필요할 수 있는 수많은 도구를 설명하였다. 10장에서는 쿼드콥터에 배터리 팩을 포함시키고 전원를 연결하는 방법을 배운다.

10장

쿼드콥터 제작 4: 전원 시스템

쿼드콥터 제작은 8장에서 비행용 전자 부품을 설치하는 것에서부터 시작하였다. 이번 장에서는 다양한 형태의 배터리에 대해 배우고 쿼드콥터에 이를 설치하는 방법을 배운다. 또한 드론 제작에서 컴포넌트를 연결할 때 가장 자주 사용되는 불렛 커넥터에 대해 살펴본다. 마지막으로 전기 배선을 만들고 설치하는 방법을 살펴본다(그림 10.1).

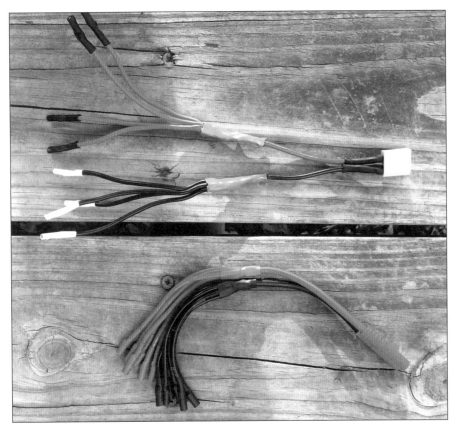

그림 10.1 이번 장에서 전기 배선을 조립한다

배터리 선택

그럼 배터리를 선택해보자. 하지만 배터리를 선택하기 전에 몇 가지 알아야 할 사항이 있다. 다음은 배터리를 구매하기 전에 알아야 할 4가지 기준이다.

- **전압**_{Volts}: 재충전 가능한 리튬-니켈 배터리는 일반적인 AA 셀과 다른 정격 전압을 가지고 있다. 배터리를 구매하기 전에 정격 전압을 확인해야 한다. 그렇지 않으면 우리 프로젝트에 더 많은 전압을 가진 배터리 또는 더 적은 전압의 배터리를 선택할 수 있다.

- **밀리암페어 아워mAh**: 이 값은 배터리에 의해 출력되는 이론적인 전력량의 총합이다. 더 많은 mAh를 가진 배터리는 더 오랫동안 사용할 수 있다.

- **"C" 레이팅**: 배터리의 안전한 최대 방전율이다. 이 숫자는 mAh와 안전하게 방전할 수 있는 배터리의 최대 암페어를 곱한 값이다. 예를 들어 C 레이팅 값이 25-40인 460mAh 배터리는 11.5A에서 18.4A까지 방전할 수 있다. 이 값으로 프로펠러가 얼마나 빨리 돌 수 있을지 알 수 있기 때문에 매우 중요하다. 이 값이 낮으면 지속인 방전율을 의미하고 높은 값은 최대 값 방전율임을 나타낸다.

- **에너지 밀도**: 이 값은 배터리의 크기당 얻을 수 있는 암페어의 양이다. 이 값은 애매모호한 통계량이며, 배터리가 '이상행동'을 하도록 부축일 수 있다. 비행기를 비행시킬 시간만큼의 에너지 밀도를 가진 배터리를 사용하는 것이 핵심이다.

배터리 타입

일반적으로 드론 제작자는 두 가지 배터리 타입을 사용한다. 니켈 배터리와 리튬 배터리를 주로 사용한다. 지금부터 이 배터리를 검토해보자.

니켈 배터리

니켈-메탈 하이브리드(NiMH) 셀은 재충전 가능한 배터리인데, 니켈-카드늄 배터리를 대체하였다(그림 10.2). 니켈-메탈 배터리는 보편적이라는 장점이 있으며 대부분의 편의점에서 구할 수 있다.

니켈 배터리의 단점은 AA 폼팩터를 가지고 있고 반드시 배터리 홀더가 필요하다. 이는 배터리 무게가 더 나갈 수 있음을 의미한다. 또한 셀을 재충전하는데 좀 더 귀찮다. 더욱이 니켈 배터리의 에너지 밀도는 140-300Wh/L으로 리튬 배터리의 에너지 밀도보다 큰 밀도를 가질 수 없다.

리튬 배터리

드론에 사용하는 배터리 대부분은 리튬 배터리이다. 리튬 배터리에는 리튬 폴리머$_{LiPo}$[1] 또는 리튬 이온 폴리머$_{Li-ion}$가 있다. 그림 10.3에서 니켈 배터리를 볼 수 있고, 출력이 1.2V인 니켈 배터리에 비해 3.7V의 출력을 가지고 있기 때문에 니켈 배터리에 비해 상위 스펙을 가지고 있다.

리튬폴리머 배터리와 리튬이온폴리머 배터리 구성이 드론에 사용하기에 좀 더 적합하다. 이 배터리들은 플라스틱 껍질에 쌓여 있으며 배터리 홀더가 필요 없다. 또한 충전 케이블이 내장되어 있어서 드론에서 배터리를 제거하지 않고 충전할 수 있다.

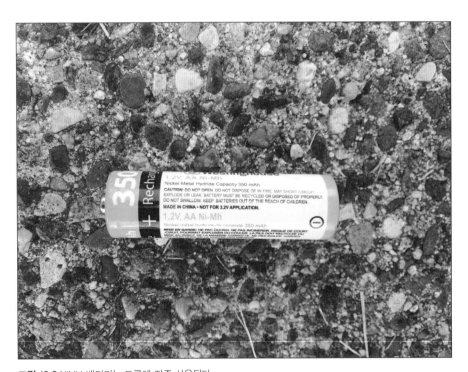

그림 10.2 NiMH 배터리는 드론에 자주 사용된다

---

1 국내에선 리포 배터리라고 줄여서 부르기도 한다. – 옮긴이

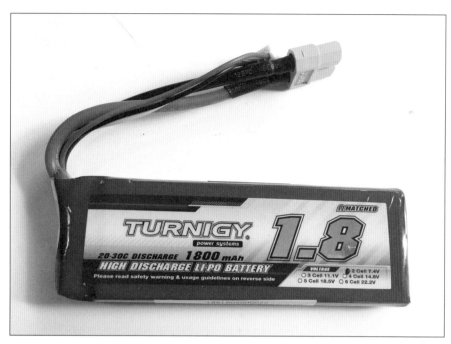

그림 10.3 리튬폴리머 배터리는 대부분 드론에 사용되는 전원공급 장치이다

아무리 리튬 배터리가 좋다고 하더라도 리튬폴리머 배터리는 잠재적으로 위험성을 가진다. 다음 몇 가지 안전규칙을 준수하는 것이 좋다.

- 배터리를 단락시키거나 물 속에 담그면 안 된다. 이렇게 하면 배터리에 화재가 발생할 수 있다.

- 배터리 셀에 구멍을 내면 안 된다. 이렇게 해도 배터리에 화재가 발생할 수 있다.

- 배터리에 화재가 발생했다며 불을 끄기 위해 모래를 사용해야 한다. 리튬은 물에서 산소를 얻어와서 계속 탈 수 있기 때문이다.

- 배터리가 부풀어 오르기 시작했다면 배터리를 사용하지 말아야 한다.

- 배터리를 재충전하기 위해서 상용 리포 차저를 사용해야 한다. 터니지 C3를 추천한다. 이 차저는 2셀에서 3셀의 리튬폴리머 배터리를 충전할 수 있는 저렴한 차저이다.

- 다른 배터리 타입과 혼합하거나 같이 사용하면 안 된다. 동일한 화학적 구성을 가진 배터리들만 사용해야 한다.

불렛 커넥터로 연결

드론 프로젝트에 사용할 배터리를 선택했다면 지금부터는 드론과 연결하는 작업을 시작해본다. 첫 번째로 드론 또는 RC에서 일반적으로 전원을 연결하는 부품으로 사용되는 불렛 커넥터에 대해 배워본다.

불렛 커넥터를 사용하는 이유

쿼드콥터의 모든 부품들을 어떻게 연결할까? 물론 여러분은 모터와 변속기를 직접 연결하지 않을 것이다. 부품을 다른 부품으로 교체할 필요가 있을 경우 어떻게 할까? 불렛 커넥터는 다른 시스템을 서로 연결할 때 가장 많이 사용하는 방법이다(그림 10.4). 불렛 커넥터는 드론에 치명적인 손상 없이 끊어지지 않을 만큼 충분히 강하다.

불렛 커넥터 타입의 가장 큰 차이점은 구입할 때 필요한 와이어 게이지에서 측정되는 커넥터 크기이다. 대부분 나는 쿼드콥터 프로젝트에서 2mm와 3.5mm 커넥터를 사용한다. 프로젝트에는 암/수 쌍이 동일한 개수로 필요하고 암/수쌍이 서로 다른 크기는 서로 맞지 않는다.

부품 리스트

불렛 커넥터를 추가하기 위해서는 다음 부품과 도구가 필요하다.

- **납땜 장비**: 7장에서 납땜하는 방법을 공부하였다. 또한 7장에서 필요한 장비 목록도 같이 살펴보았다.
- **불렛 커넥터**: 불렛 커넥터는 RC 샵에서 쉽게 구할 수 있다.
- **열 수축 튜브**: 전선과 같은 부품을 감싼 뒤에 열을 가하면 수축하는 성질을 가진 비전도성의 고무 튜브이다. 전기 테이프보다 좀 더 효과적이며 사용하기 편하다. Adafruit에서 여러 가지의 열 수축 튜브 팩(P/N 344)을 팔고 있다. 전기 도매상이나 하드웨어 스토어에서도 열 수축 튜브를 구할 수 있다.

그림 10.4 불렛 커넥터는 RC에서 자주 사용된다

불렛 커넥터를 추가하는 방법

불렛 커넥터는 금속의 암수쌍이며 전선의 끝에 납땜으로 붙일 수 있게 되어 있다. 불렛 커넥터와 전선의 끝을 납땜하고 나서 불렛 커넥터의 끝을 연결하면 각 전자 부품끼리 연결되어 전류가 흐를 수 있다. 불렛 커넥터를 다음 단계를 통해서 연결할 수 있다.

1. **젠더 선택**: 불렛 커넥터 작업을 하기 전에 미리 계획을 잘 세워야 예상치 못한 문제를 겪지 않을 수 있다. 젠더를 구성하는 가장 일반적인 방법은 모터부터 시작하여 모터의 와이어에는 숫놈 커넥터를 연결한다. 그리고 ESC의 모터연결 와이어에는 암놈 커넥터를 연결한다. ESC의 다른 쪽 전원 연결부에는 숫놈 커넥터를 연결한다. 그림 10.5는 불렛 커넥터의 숫놈과 암놈을 보여주고 있다.

2. **와이어 피복 제거**: 와이어 끝의 피복을 그림 10.6과 같이 약간 벗겨준다. ESC 4개의 전선을 레이저 커팅된 홀이 있는 나무판에 동시에 꽂아 놓는다. 전선의 피복이 제거된 ESC 여러 개와 다른 컴포넌트가 있다.

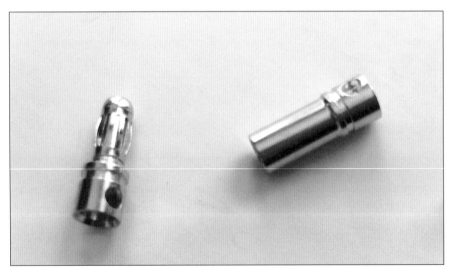

그림 10.5 숫놈(왼쪽)과 암놈(오른쪽) 불렛 커넥터이다

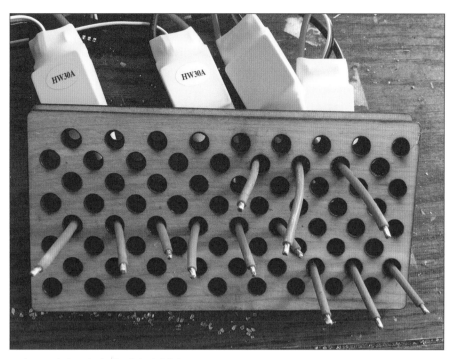

그림 10.6 전선 끝의 피복을 약간 벗겨낸다

3. **와이어 끝 도금**: 여기서 도금의 의미는 납으로 감싸는 것을 의미한다. 와이어 끝을 납으로 감싸면 납땜된 다른 컴포넌트에 이를 붙일 때 도움이 된다. 첫 번째로 전선 가닥을 나선형으로 꼬아주고 인두를 사용해서 꼬아준 부분을 달 궈준다. 그리고 그림 10.7과 같이 납을 코딩한다. 불렛 커넥터를 연결할 모 든 전선의 끝부분을 이렇게 작업한다. 이 프로젝트에서 사용된 Turing Plush ESC와 같은 부품도 미리 와이어 피복을 제거한 뒤에 도금을 해준다.

그림 10.7 불렛 커넥터에 연결할 전선의 끝을 도금한다

4. **커넥터에 납채우기**: 불렛 커넥터를 위해 와이어에 도금 작업을 한 것과 마찬가
    지로 불렛 커넥터에도 그림 10.8과 같이 납을 채워야 한다. 커넥터의 측면에
    구멍이 있는데 여기까지 납을 채우면 된다.

그림 10.8 불렛 커넥터에 녹은 납을 채운다

5. **전선과 커넥터 납땜하기**: 도금된 전선을 커넥터 중 하나에 넣는다. 인두 팁을 커넥터 구멍 끝에 넣고 그 안에 있는 납을 녹인다. 연결된 부분이 조금 약하다고 생각되면 녹인 납을 좀더 구멍에 넣을 수도 있다. 그림 10.9에서 전선과 커넥터가 어떻게 연결되어야 하는지를 보여주고 있다.

그림 10.9 불렛 커넥터를 납땜한다

6. **열 수축 튜브 연결하기**: 각 와이어의 끝에 열 수축 튜브 1인치 정도를 넣고 숫놈 커넥터와 접합될 수 있는 자리를 남겨 놓았는지 확인한다. 인두의 원통을 사용하여 열 수축 튜브를 가열해서 전선과 커넥터의 연결부를 감싼다. 그림 10.10은 연결된 암수 커넥터의 모습을 보여준다.

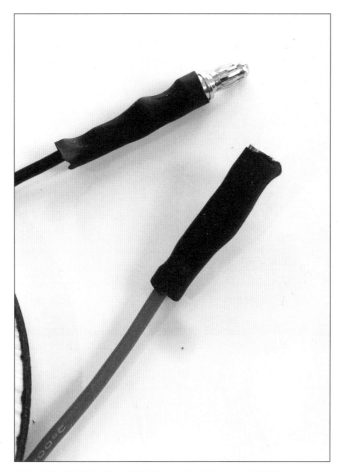

그림 10.10 커넥터와 전선 사이에 열 수축 튜브를 넣고 수축시킨다

7. **연결**: 그림 10.11과 같이 모터의 수놈 플러그를 ESC의 암놈 플러그에 집어넣
   는다. 다음 절에서 배터리를 연결하는 방법을 살펴본다. 연결 작업을 하면서
   ESC를 드론의 팔에 집 타이로 고정하는 작업을 해도 된다.

그림 10.11 ESC를 모터에 연결한다

전기 배선 조합

4개 ESC의 접지 리드를 하나의 배터리 전원에 연결하는 방법을 제대로 알기 전에 배터리를 추가하는 작업을 하는 것은 위험하다.

일반적으로 두 가지 방법을 사용한다. 첫 번째로 대다수의 드론 제작자들은 전원 분배 보드를 제작하거나 구매하여 사용한다. 전원 분배 보드란 전원과 접지 쌍 4개가(또는 그 이상) 미리 만들어진 회로 기판을 말한다. RC 샵에서 구매할 수 있고 대략 5불에서 10불 정도면 구매할 수 있다.

어떤 드론 제작자들은 전기 배선을 작업하기 위해 전원 분배 보드 대신 직접 납땜하는 방식을 선택하기도 한다. 이 방식은 불렛 커넥터가 납땜되어 있는 있는 4개(또는 이상)의 접지 전선과 리드 전선으로 구성된다. 그림 10.12에서 이런 방식의 전기 배선 샘플을 보여준다. 우리는 쿼드콥터 프로젝트에서 이런 방식을 사용할 것이다.

그림 10.12 전기 배선을 통해 전원이 필요한 컴포넌트 각각에 전원라인을 분배한다

부품

전기 배선을 위해 다음 부품과 도구가 필요하다.

- 납땜 장비
- **전선**: 12 게이지와 16 게이지 검정과 빨간색 연선
- **열 수축 튜브**: 스파크펀 P/N 09353이 여러 타입을 제공한다.
- **XT60 커넥터**: 굉장히 좋은 커넥터이다. 나중에 다시 설명한다.
- **불렛 커넥터**: 다양한 크기의 불렛 커넥터가 있지만 나는 주로 3.5mm를 사용한다.

전기 배선을 만드는 과정

이제부터 전기 배선을 만들어 보자. 다음 단계를 따라서 해본다.

1. **16-게이지 전선을 대략 5인치 정도 자른다.** 각 컴포넌트(모터)에 전원을 연결할 빨 간색과 검정색 전선 각각을 자른다. 각 전선의 한쪽 끝은 1/2인치(1.27cm) 정 도 피복을 벗겨 내고 다른 한쪽은 1/4인치(0.635cm) 정도 피복을 벗겨낸다. 그림 10.13은 피복을 벗겨낸 전선을 보여준다.

그림 10.13 각각 컴포넌트에 연결할 검정색, 빨간색 전선이 필요하다

2. **불렛 커넥터에 납을 녹여 넣는다.** 0.635cm 정도 피복을 벗겨낸 전선의 끝에 암놈 불렛 커넥터에 부착한다. 그림 10.14와 같이 열 수축 튜브도 감싼다. 이 커넥터는 숫놈 커넥터를 가진 ESC의 전원과 연결된다.

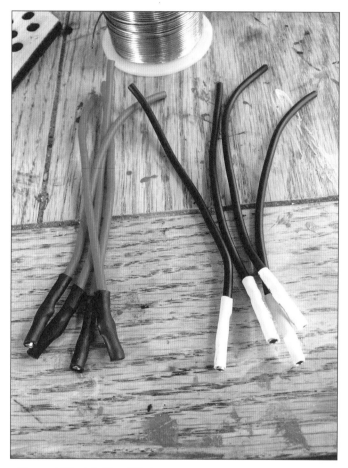

그림 10.14 불렛 커넥터를 부착한다

3. **12 게이지 전선을 자른다.** 다음으로 좀 더 큰 12 게이지 전선을 5인치(12.7cm) 정
    도 자른다. 전선별로 한쪽은 1/2인치(1.27cm)정도 피복을 벗겨내고 다른 한
    쪽은 1/4인치(0.635cm) 정도 피복을 벗겨낸다. 그림 10.15는 피복을 벗겨낸
    전선을 보여준다.

그림 10.15 굵은 전원선과 접지선이 필요하다

4. **전선을 서로 연결하여 납땜한다.** 16 게이지 전선과 12게이지 전선의 1/2인치 피
    복을 벗겨낸 부분을 납으로 도금을 한다. 16 게이지 전선과 12 게이지 전선
    을 옆에 나란히 놓고 그림 10.16과 같이 서로를 납땜하고 열 수축 튜브로 감
    싼다.

그림 10.16 전선을 서로 납땜한다

5. **XT60 커넥터를 연결한다.** XT60은 단단한 하우징을 가진 불렛 커넥터 2개로 구성되어 있다. 하우징을 통해 노출된 금속들이 합선되는 것을 막아주고, 전원을 거꾸로 연결할 수 있는 위험성을 줄여준다. 전원을 거꾸로 연결하면 드론 전기부품에 손상을 줄 수 있고 화재를 발생시킬 수 있다. 배터리의 리드에는 암놈 커넥터를 납땜하고 12-게이지 와이어에는 숫놈 커넥터를 납땜한다. XT60 커넥터에 전선을 납땜할 때 불렛 커넥터에서 작업하였던 방식과 동일하게 하면 되고 열 수축 튜브로 감싸는 것이 좋다. 그림 10.17은 납땜이 완료된 XT60 커넥터이다.

그림 10.17 XT60 커넥터를 배터리의 끝과 12-게이지 전선에 부착한다

6. **모두 부착한다.** 나무 프레임에 배터리를 집 타이로 묶어준다. 하지만 XT60 커넥터를 아직 연결하지 말자. 아직 날 수 있는 준비가 안 되었다. ESC와 모터를 잡고 그림 10.18과 같이 전기 배선 끝의 16 게이지에 있는 불렛 커넥터를 ESC에 연결한다.

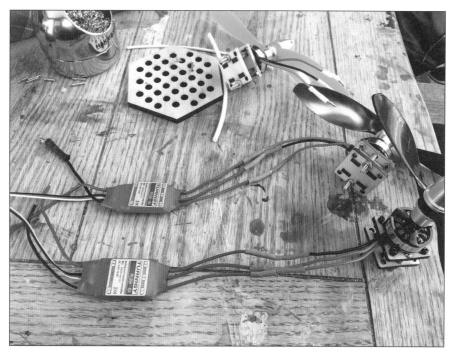

그림 10.18 불렛 커넥터를 서로 연결하여 드론의 모터와 ESC를 배선 장치에 연결한다

플라이트 컨트롤러와 수신기 배선

드론 제작의 마지막 단계는 ESC 제어선과 수신기를 FC에 연결하는 작업이다.

1. 암놈-암놈 서보 확장선(스파크편 P/N 8783)을 사용해서 플라이트 컨트롤러에 수신기를 연결한다.

   □ THR(쓰로틀)로 마킹된 핀에 수신기의 1번 채널을 연결한다. 전선의 방향이 맞게 꽂혀있는지 확인한다. 접지는 그림 10.19와 같이 수신기의 가장자리에 있어야 하고 멀티위에서도 가장자리에 위치해야 한다.

   □ ROL(롤)로 마킹된 핀에 수신기의 2번 채널을 연결한다.

□ PIT(피치)로 마킹된 핀에 수신기 3번 채널을 연결한다.

□ YAW(요)로 마킹된 핀에 수신기 4번 채널을 연결한다.

그림 10.19 플라이트 콘트롤러와 수신기를 연결한다

2. ESC 제어선 3개를 FC에 연결한다. ESC 각각을 멀티위 D9, D10, D3 및 D11에 각각 연결하고 제어선 중 검정선이 플라이트 컨트롤로 PCB의 가장자리로 되어 있는지 확인한다. 그림 10.20과 같은 형태이어야 한다.

그림 10.20 ESC를 플라이트 컨트롤러에 연결한다

요약

이번 장에서는 드론 제작에 사용되는 배터리 타입에 대해 공부하였다. 그리고 배터리를 전기 배선에 납땜하고 설치하였다. 마지막으로 플라이트 컨트롤러와 수신기를 연결하였다. 11장에서는 연못이나 어린이용 풀에서 가지고 놀 수 있는 보트 드론을 제작한다.

11장

수상 드론 프로젝트

이 책에서 거의 모든 드론을 알아보았지만, 여전히 살펴볼 만한 더 많은 종류의 드론이 있다! 11장에서는 그림 11.1과 같은 페트병 수상 플랫폼이 부착된 물에 뜨는 로봇인 수상 드론을 만들어 볼 것이다. 하지만, 제작에 앞서 물을 기반으로 하는 드론의 장단점을 먼저 이해할 필요가 있다. 또한 전자 장치에 방수 처리하는 법과 드론을 컨트롤하는 또 다른 방법인 XBee 메시 네트워크XBee mesh network 구축 방법을 알아볼 것이다. 이 기술을 이용하여, 직접 조립한 작고 멋진 컨트롤러로 조작되는 원격 조정 보트를 만들어 볼 것이다.

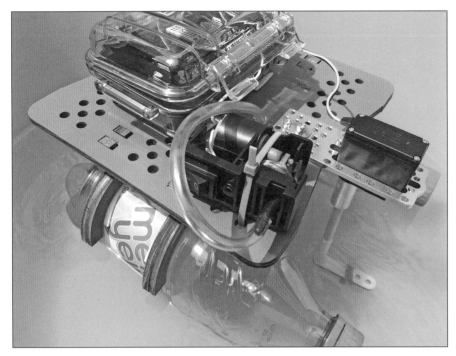

그림 11.1 페트병 보트가 물 위에서 작동하게 될 것이다

수상 전자 장비의 현실

모두 아는 것처럼, 욕조에 휴대전화를 빠뜨리게 되면 고장이 나서 다시는 작동하지 않게 될 것이다. 물과 전자 장비는 서로 상극이라고 할 수 있다. 하지만, 물에서 작동하는 기기를 만들면서 생각해야 할 문제는 방수 처리 말고도 많이 있다.

수상 전자 장비의 단점

수상 드론을 작동시키는 데 있어, 문제점과 불편한 점들을 훑어보자.

- **수분은 전자 장비를 손상시킨다**: 어떤 면에서, 이 위험은 다들 생각하는 만큼 나쁘긴 하다. 아두이노 또는 다른 전자 모듈은 물에 빠지면 망가질 것이고, 드론은 물 속에 남겨지게 된다. 하지만 물에 빠졌을 때, 모두가 사용 불능이 된다고 여길 필요는 없다. 예를 들어, 잘 말려주기만 하면, 일반적인 브러시드 DC 모터는 물속에서 완벽하게 작동한다. 다만, 모터의 내부를 빠르게 부식시키기 때문에, 염분이 함유된 물에 넣어서는 안 된다.

- **배수가 필요하다**: 작동하지 않는 전자 장비와 부식된 모터만이 문제가 아니다. 수상 드론은 수상 플랫폼의 형태 또는 배수가 되는 보트 모양으로 반드시 물 위에 떠 있어야 한다. 드론은 반드시 물 위에 떠 있어야 한다. 그리고 보트 모양의 경우에는 뒤집히지만 않기만 하면 작동한다. 다시 말해, 선택할 수 있는 것이 무궁무진하다는 것이다. 그림 11.2의 보트의 경우는 심지어 브라우니 팬으로 만들 것이다!

- **공간이 필요하다**: 쿼드콥터나 로버와 달리, 보트 드론의 경우에는 큰 수영장이 있지 않는 한 집 뒷마당에서 작동시킬 수 없다. 동네의 어린이용 수영장이 비어 있다면, 그곳을 사용할 수도 있다. 하지만 역설적이지만, 수역이 너무 넓으면 작은 드론을 안전하게 작동시키기에는 물살이 거칠고 파도가 심하게 일렁일 수 있어서 역시 좋지 않다.

- **드론의 분실이나 손상이 쉽게 발생한다**: 넓은 수역에서 드론을 운용하는 경우 드론을 잃게 되는 일이 발생할 가능성이 높다. ROV가 강바닥의 토사에 빠진다면, 단단한 케이블로 묶어 놓치 않은 이상 찾기 힘들다. 쿼드콥터의 경우 멀리 날아가서 다시 볼 수 없는 경우도 있겠지만 바닥으로 떨어져서 산산조각 나지 않으면 대개는 회수할 수 있다.

수상 전자 장비의 장점

지금까지의 수상 드론에 대한 비관적인 이야기로 겁먹을 필요는 없다. 이런 종류의 드론에도 역시 멋진 점들이 있다.

- **마찰이 적다:** 물위에서는 예를 들자면, 땅 위에서보다는 마찰이 적기 때문에, 수상 드론은 다른 종류의 드론보다는 더 적은 힘을 필요로 한다. 범선 같은 경우에서도 이 원리가 적용됨을 볼 수 있다. 물 위에서 범선은 아주 작은 바람에도 움직인다. 비교적 허접한 장치를 사용해서도 드론을 움직일 수 있게 하기에, 이 점은 장점으로 생각할 수 있다. 이런 분위기에서, 이 장의 프로젝트에서는 에어펌프를 사용하여 드론을 밀게 한다.

- **디자인이 간단하다:** 수상 드론은 전형적으로 간단한 장치로, 대개는 두 개의 모터(하나는 배를 나아가게 하는데, 다른 하나는 조정하는 데 쓰임)를 필요로 한다. 쿼드콥터는 4개의 모터가 필요하고, 항공 드론의 경우에는 더 많은 수의 모터가 필요한데 모터를 6개 장착하는 일도 흔하다. 심지어 13장에서 만들 지상 로버도 4개의 모터를 사용한다.

- **다양한 환경 설정이 가능하다:** 잠수용부터 호버크라프트, 수상 보트에 이르기까지 다양한 환경설정 중 선택이 가능하다. 즉, 만들 수 있는 플로팅 드론이 한 가지 종류만 있는 것이 아니다. 수상 드론은 재미있게 만들고 즐길 수 있다.

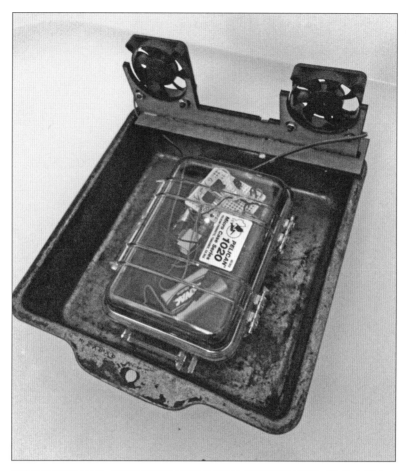

그림 11.2 그림에서 보는 것처럼 브라우니 팬을 포함하여, 무엇이든지 보트로 개조할 수 있다

전자 장비에 대한 방수 처리

플로팅 드론을 만들 때 가장 두려운 점은 전자장비가 물에 닿아서 합선관 부품의 손상이 발생하는 것이다. 전자 장비를 보호할 수 있는 가장 좋은 방법은, 장비들은 방수 케이스 안에 넣고 봉쇄하는 것이다. 이어지는 내용은 전자 장비를 감싸는 세 가지 다른 방법들을 설명한다(물론 이 책에서 소개는 하지 않지만 화학적 처리라는 네 번째 방법도 있다).

샌드위치 용기

어떤 용기를 사용해야 할지 헷갈릴 경우 가장 싼 것을 선택한다. 그림 11.3의 사진에 나온 러버메이드의 7컵 분량의 용기는 값도 싸고 쉽게 구할 수 있다. 전선을 넣을 구멍을 뚫는 등 쉽게 변형도 가능하고, 용기를 변형시키기에 아깝지 않다.

그림 11.3 음식 저장용 용기는 큰 돈을 들이지 않으면서도 플로팅 드론의 방수용 용기로 훌륭하게 쓰일 수 있다

이 방법을 사용하는 데 있어 또 다른 장점은 '손바닥보다 작은 크기의 용기부터 추수감사절 저녁 식사를 다 담을 수 있을 만큼 큰 크기까지 다양한 크기의 용기를 구할 수 있다'는 점이다. 제목에서 샌드위치 크기를 언급한 것은 대개 그 정도의 크기가 아두이노 및 배터리 팩에 적합하기 때문이다.

이 부분에 돈을 많이 쓴다고 해서, 바라는 것만큼, 좀 더 확실한 방수를 보장해 주는 건 아니라는 점을 기억해 둘 필요가 있다. 아마도 다이소에서 구입한 용기가 타파웨어 사 제품만큼 좋다는 사실을 알게 될 것이다.

펠리칸 1000 시리즈

이 매우 탄탄한 용기는 휴대용 전화기와 다른 중요한 전자 장비를 넣기 위해 만들어 졌으며, 1미터까지의 깊이의 물에서 30분 동안의 침수를 포함하여, 갑작스런 움직임, 강한 충격에 이르기까지 기본적으로 거의 모든 것으로부터 내용물을 보호해 준다. 펠리칸 1000 시리즈는 내부에 고무 개스켓으로 둘러져 있어서 습기를 차단할 뿐 아니라 충격에 대한 내용물을 보호할 수 있다.

펠리칸 1000 시리즈는 보호 기능이 좋은 듯하면서도, 가격은 적당하다. 그림 11.4의 1010 모델(좌)과 1020 모델(우) 케이스는 상점마다 값이 조금 상이하기는 해도 대략 각각 9불과 15불이면 구할 수 있다. 만약 다른 크기를 원한다 해도, 펠리칸에서는 두 사람이 들어갈 정도의 큰 트렁크 크기에 이르기까지 다양한 케이스를 제공하고 있으니 문제없다. 러버메이드 케이스로, 전선이 들고 날 수 있게 변형하기 쉬울 것이다. 나는 펠리칸 케이스를 아마존에서 구입했는데, 다른 온라인 소매점에서도 역시 구매가 가능하다.

그림 11.4 펠리컨 1000시리즈 케이스는 방수 능력이 뛰어나면서 내구성이 좋다

튜브 감싸기

그림 11.5의 사진에서처럼, OpenROV 잠수정에는 좀 더 DIY 접근이 이루어진다. 제작자는 플라스틱 튜브 안의 배터리를 배터리를 배치하고 방수가 되는 뚜껑을 장착하였다.

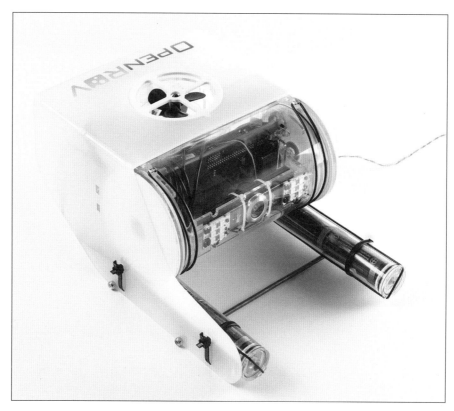

그림 11.5 이 OpenROV 잠수정은 물이 들어오지 않는 튜브 내부에 배터리를 넣어 보호한다

    ROV의 다른 버전은 PVC관을 사용한다. PVC는 철물점에서 구입할 수 있고, 배관 작업에 가장 많이 쓰인다. PVC관은 곡선과 분기 형태와 같은 여러 형태의 방수용 부품으로 구성되어 있다. 많은 이들이 골격잡기용으로 PVC를 사용하여 가구를 만들기도 하는데, PVC가 지닌 방수 성질을 제대로 활용하고 있는 사람들은 많지 않다. 원래 PVC는 물이 들어오지 못하게 하기 위한 것이며, 물론 물이 밖으로 새지 못하게 하기도 한다.

팁

방수 처리에 있어 다른 관점은 CorrosionX 같은 방수 처리용 에나멜로 방수하고 싶은 부분에 코팅하는 것인데, CorrosionX(CorrosionX.com)를 전자 장비에 바르면 건조되면서 굳는데 이로써 전자 장비를 수분으로부터 보호해 준다. 그렇다고 이런 처리를 했다고 해서 드론이 물속에서 작동할 수 있다고 여기면 안 된다. 하지만 분명 약한 비 정도에서는 방수 기능을 톡톡히 해 낼 것이다.

XBee 메시 네트워킹

이야기의 방향을 조금 바꿔서, 드론을 조정하는 다른 방법에 대하여 알아보자. 좀 더 구체적으로, 수상 드론을 조정해 줄 기술을 사용하는 법에 대해 이야기해 보자.

무선 XBee 모듈(그림 11.6)을 사용하는 메시 네트워킹은 다양한 아두이노를 연결시킬 유연한 방식을 제공해 준다. 11장의 프로젝트에는 두 개의 노드, 즉 드론과 컨트롤러가 있다. 하지만, 무선 모델에 따라, 기술적으로는 256개 이상의 노드를 연결할 수도 있다.

그림 11.6 XBee 무선은 간단한 규격형 무선 컨트롤을 시중에 내놓고 있다

메시 네트워크는 모든 노드가 동일하다는 면에서 계층적 네트워크와는 조금 다르다. 명령을 보내면, 망(네트)에 있는 모든 무선장비가 듣게 된다. 특정 무선장치에 명령을 하고 싶다면, 그 장치에만 해당되는 명령어로 인식하도록 소프트웨어에서 지정해 주어야 한다. 이 외에도, XBee는 다양한 환경설정이 가능하기에, 서로 다른 네트워크 종류를 구체화시킬 수 있다.

XBee 무선장치는 많은 다른 변종과 파생품을 가진 업계 표준 무선 프로토콜인 ZigBee에 기반을 두고 있다. 입문용 XBee는 1 정격 밀리와트로, 실내 80피트, 실외 300피트의 무선 도달 범위를 가진다. 프로 버전은 더 비싸지만 그만큼 무선 도달 범위가 더 넓어서 실내 140피드, 실외 4,000피트라는 굉장한 무선 도달 범위를 가진다. 물론 프로 버전이 인상적이기는 하지만, 기본 모델의 경우도 단거리 드론에는 훌륭하다.

XBee 네트워크 설치에 대하여 더 많은 정보를 얻고 싶다면, Bidr's XBee 튜토리얼(http://bildr.org/?s=xbee)과 adafruit.com(hppt:.learn.adafruit.com/xbee-radios/overview)을 참고하라.

프로젝트: 페트병 보트

지금까지 방수 처리법과 XBee 네트워크를 알아봤으니, 이제는 11장에서의 프로젝트를 본격적으로 시작해보자. 즉, 두 개의 페트병 위에 나무로 된 플래폼으로 구성된 플로팅 드론을 만들어 보자(그림 11.7). 이 드론은 공기펌프로 움직이고, 직접 제작한 무선 리모컨으로 조정된다.

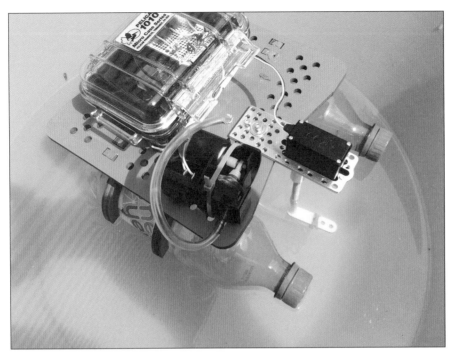

그림 11.7 페트병 보트는 공기 펌프로 움직이고 무선으로 조정된다

부품

페트병 보트를 만들기 위해서는 다음과 같은 부품이 필요할 것이다.

- **레이저 컷 섀시** http://www.thingiverse.com/jwb에서 패턴을 다운로드할 수 있다. 1/8인치(3mm) 합판에서 섀시를 자른다.
- **두 개의 페트병** 이 프로젝트를 위해 20oz Mello Yello 병을 사용하였는데, 라벨 부분의 지름이 2.7인치고, 라벨의 윗 부분은 약간 더 넓고 병의 목 부분은 1인치로 좁아지는 형태이다. 만약 사용하는 병이 다르다면, 레이저 패턴을 알맞게 조정할 필요가 있을 것이다.
- **펠리칸 케이스**(P/N 1010)

- 아두이노 우노

- **두 개의 XBee 무선장치** SparkFun의 시리즈 1(P/N 8665)을 추천하는데, 두 개가 필요할 것이다!

- **무선 장치를 올릴 두 개의 XBee 브레이크아웃 보드**(SparkFun P/N 11373)

- **배터리로 전원을 공급받는 공기 펌프** 가벼울수록 좋다! 애완동물 가게에서 싸게 이런 펌프(흡입기)를 싸게 구입할 수 있다. 나는 Marina에서 펌프를 구했다(P/N 11134).

- **배관** 내 경우에는 Tygon B-44-3 비버리지 튜빙을 사용하였는데, 반드시 이 걸 선택할 필요는 없다. 다만 외부 지름이 1/4인치, 내부 지름이 3/16인치로 준비하면 된다. 아마존에서 구입할 수 있다.

- **서보** Hitec P/N 356465처럼 방수되는 것이 좋지만, 이 프로젝트에 사용하기엔 동력이 과할 수 있다. 서브마이크로 서보가 오히려 이 작업에는 적합할 수 있다. 이 프로젝트에 나는 결국 Hitec HS422를 사용하였는데, ServoCity.com은 이 프로젝트에 적합한 서보를 비롯하여 여러 다른 서보들을 갖추고 있다.

- **서보 플레이트** 모터를 보호하기 위해 서보 플레이트(Actobotics P/N 575144)를 사용하였다.

- **서보용 샤프트 어댑터**(Actobotics P/N HSA250). 서보의 허브에 안정적으로 연결하면서, 목재봉의 끝을 보호해 준다.

- **목재봉**(지름 0.25인치, 길이 3-4인치)

- **버튼 3개** 손가락을 떼면 바로 해제되는 순간형 버튼이 필요할 것이다. SparkFun P/N 9190 정도면 좋다.

- **프로토 보드 2개** Jameco의 다공 베어 페놀(리틱) 프로토타입 보드(P/N 616690) 혹은 SparkFun 프로토실드(P/N 7914)를 추천하는 바이다.

- **메일 헤더 핀**(SparkFun P/N 12693)

- **TIP 12p 달링튼 트랜지스터**(Adafuit P/N 976). 아두이노가 신호를 주면, 이 전자 스위치는 펌프를 작동시킨다.

- **LED 두 개** 두 개 정도의 LED를 사용할 것인데, 구식 LED면 될 듯하다.

- **레지스터**(220옴). SparkFun에서 220옴을 포함하여, 여러 물품을 팔고 있다(P/N 10969).

- **1N40001 다이오드**(Adafruit P/N 755)

- **양면 셀로판 테이프**

- **전선**

- **집 타이**

드론 제작

부품을 다 준비했으며, 이제 보트를 만들면 된다. 그리고 보트 작업을 끝내고 나서는, 컨트롤러를 만들 것이다.

1. 섀시를 레이저로 잘라내라. 그림 11.8에는 아교로 붙여놓은 병 받침대가 있다. 솔직히, 섀시를 만드는 작업은 마스킹 테이프와 판지를 가지고 할 수 있는 정도이다. 반드시 거창할 필요도 없고, 페트병을 잡고 있으면서 방수용 케이스에 물이 새지만 않으면 된다.

그림 11.8 섀시 디자인에는 병 받침대가 포함된다

2. 그림 11.9처럼, 각 부분을 붙이며 섀시를 조립한다. 접착제가 마르면, 마음에
   드는 스프레이 페이트를 골라 몇 번 뿌려주어, 물이 잘 스며들지 않도록 한다.

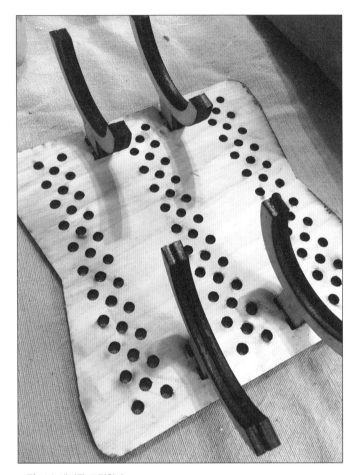

그림 11.9 섀시를 조립한다

3. 그림 11.10에서처럼 양면 테이프를 사용하여 펠리칸 케이스를 붙인다. 대신, 집 타이를 사용할 수도 있다. 좀 더 철저하게 하려면, 다소 방수력을 약화시킬 수 있겠지만, 밑판에 장착 구멍을 뚫어 섀시를 나사로 고정시킬 수도 있다. 섀시를 페트병 위에 올릴 예정이지만, 아직은 붙여 놓지 않은 상태이다.

4. 다음의 하위 지침에 따라서, 드론의 아두이노의 브레이크아웃 보드를 납땜한다.

   a. 그림 11.11에서 보이듯이, 헤더핀을 브레이크아웃 보드에 붙여라. 이 헤더 핀은 아두이노의 핀과 같아야 한다. 모든 것을 똑바로 유지하기 위해, 위쪽에서 납땜하면서 핀을 고정시킬 때 아두이노 자체를 이용하고 싶을 것이다.

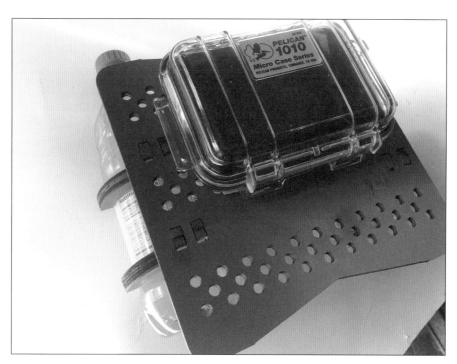

그림 11.10 펠리칸 케이스를 섀시에 붙인다

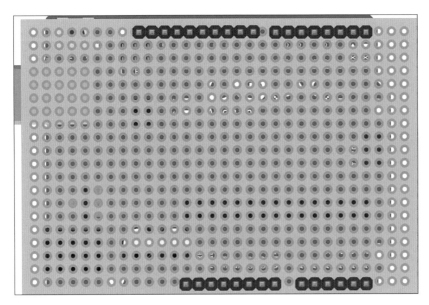

그림 11.11 헤더핀들을 보드에 납땜한다

b. XBee Explorer를 보드에 납땜하여 붙이고, 전선을 사용하여 보드의 핀과 아두이노의 핀들을 알맞게 연결하여라. 데이터 출력(그림 11.12의 분홍색 전선)은 아두이노의 3번 핀으로, 데이터 입력(파랑)은 2번 핀으로 연결하고 전력(붉은색)과 그라운드(갈색)를 아두이노의 각각의 핀에 연결한다.

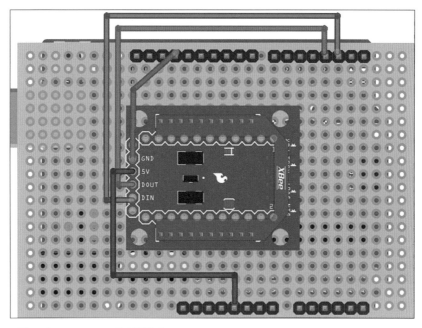

그림 11.12 XBee Explorer를 부착한다

c. 아두이노에 전력이 공급되면 불이 들어오는 LED 상황등을 추가할 것이다. LED의 양극과 5V를 연결하고, 그 사이에 중간에 220옴 레시스터를 부착한다. 그림 11.13에서처럼, 나는 주황색 전선을 사용하였다. LED의 음극은 그라운드에 연결한다. 이는 그림에서 검은색 전선이다.

d. TIP120을 보드에 붙이는데, 가장 왼쪽에 있는 베이스 핀을 2.2KΩ짜리 저항을 통해 아두이노 핀 11과 연결한다. 이는 그림 11.14에서의 보라색 전선에 해당된다. 가장 오른쪽에 있는 이미터 핀은 아두이노의 그라운드 핀과 연결한다. 그림에서는 청록색으로 표현되어 있다.

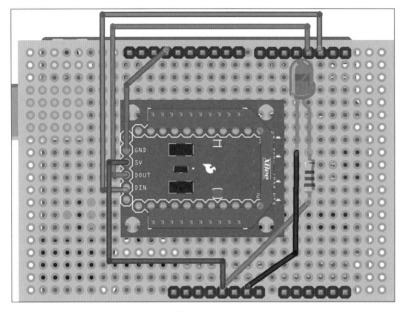

그림 11.13 테스트 LED와 레지스터에 납땜한다

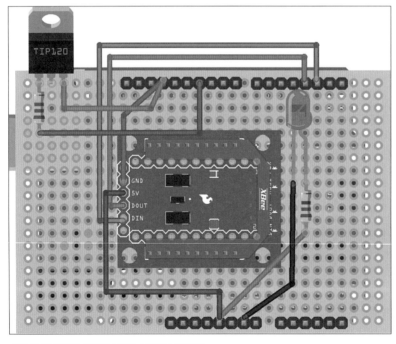

그림 11.14 TIP120 트랜지스터를 보드에 납땜한다

e. 펌프와 다이오드를 붙여라. 모터에 역 전압이 걸리는 것을 막아주기 때문에 DC 모터를 사용할 때마다 하나씩 넣어주는 것이 좋은데, 이 펌프의 DC모터가 하나의 예이다. 그림 11.15에서의 녹색전선에서 보이는 것처럼 모터의 한 쪽은 아두이노의 3.3V 핀에 연결하고, 다른 쪽(노란색)은 콜렉터라고 불리는 트랜지스터의 중앙 핀에 꽂는다.

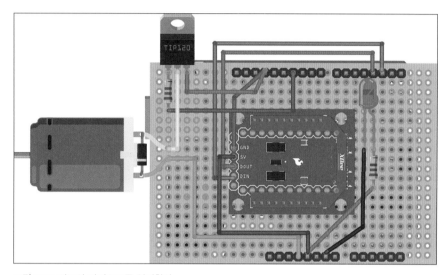

그림 11.15 펌프와 다이오드를 연결한다

f. 서보를 붙인다. 그림 11.16의 노란색과 흰색 줄무늬 전선은 데이터 선이며, 아두이노의 9번 핀에 연결한다. 나머지 두 개의 전선, 즉 붉은색 줄무늬와 검은색 줄무늬 전선은 각각 5V와 그라운드에 연결한다. 보통, 서보의 전선 끝부분에는 플러그가 붙어 있는데 이를 사용하고자 한다면 헤더 핀 숫놈을 기판에 납땜하여 서보 플러그를 좀 더 쉽게 연결할 수 있다.

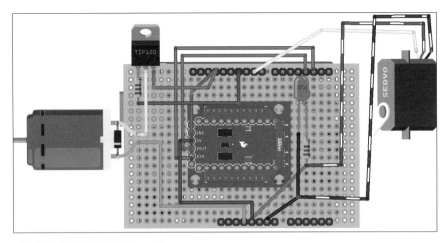

그림 11.16 다음으로 서보를 부착한다

g. 드론에 동력을 넣을 준비가 끝나면, 9V 배터리를 배터리 홀더에 넣고 아두이노의 배럴 잭에 꽂아라.

5. 그림 11.17과 같이, 집 타이를 사용하여 섀시에 에어펌프를 부착한다. 플라스틱 관의 길이로 인하여 공기의 흐름이 우리가 원하는 방향으로 나올 것이기 때문에, 출력관은 어느 쪽을 향해도 상관없다.

그림 11.17 집 타이로 에어펌프를 붙인다

6. 서보 플레이트를 사용하여, 섀시에 서보를 부착한다. 부착된 모습은 그림 11.18과 같아야 한다.

그림 11.18 서보를 섀시에 부착한다

7. 샤프트 커플러를 사용하여, 그림 11.19에서 보이는 것처럼 서보에 목재봉을
   부착한다. 서보 허브의 스플라인 위에 목재봉을 밀어 넣고 서보 보터에 딸려
   오는 서보혼 나사로 고정한다. 목재봉을 커플러의 끝부분에서 5mm 정도 밀
   어 넣고 고정나사로 고정하며 섀시를 만들고 남은 짜투리에 프린트하여 만단
   튜브홀더를 목재봉의 끝부분에 접착한다.

8. 펠리칸 케이스에 전자 장비들을 넣는데, 그림 11.20에 나온 것처럼 반드시 펌프와 서보가 알맞은 자리에 설치될 수 있도록 전선을 충분한 길이로 해줘야 한다. 어쩌면 전선이 나갈 수 있도록 상자를 변경해야 할 수도 있는데, 이런 작업이 상자의 방수력에 영향을 줄 수 있겠지만, 필요한 경우 해야 하는 작업이다.

그림 11.19 목재봉을 서보에 올린다

그림 11.20 전자 장비를 펠리칸 케이스 안에 넣는다

9. 튜브를 펌프의 출력위치에 연결시키고, 섀시의 구멍을 통과시켜라. 필요하면 구멍을 하나 뚫을 수도 있다. 그림 11.21은 어떻게 연결되어야 하는지를 보여주고 있다.

그림 11.21 튜브를 섀시의 구멍을 통과시킨다

10. 그림 11.22와 같이 목재봉 위의 튜브홀더에 튜브를 집 타이로 묶는다.

그림 11.22 드론을 앞으로 나아가게 할 수 있도록 출력 튜브의 각도를 잡는다

11. 드론의 하드웨어적 부분에 있어 마지막 단계로, 그림 11.23에서처럼 양면 테이프를 이용해서 섀시에 페트병을 부착하여라. 병 받침대의 안쪽에 양면 테이프를 붙여주기만 하면 된다.

컨트롤러 제작

컨트롤러는 XBee와 아두이노가 있다는 면에서는 드론의 전자 장비 팩키지와 유사하지만, 모터 대신에 몇 개의 버튼이 필요하다는 점은 다르다. 다음 단계들을 잘 따라하면 된다.

1. 전자 장비 패키지를 조립하여라. 조립을 위해서, 다음 단계들을 따르면 된다.

   a. 드론의 보드를 만들면서 해 본 것처럼, 브레이크아웃 보드에 헤더핀을 부착하여 그림 11.24처럼 만들어라.

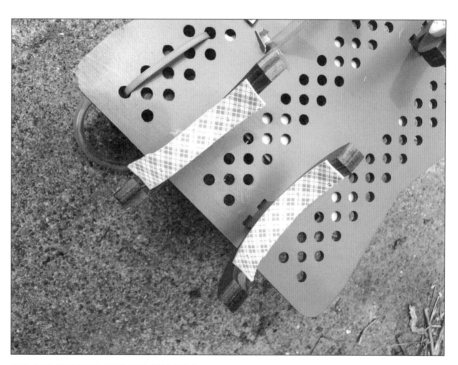

그림 11.23 양면 테이프를 병 받침대에 붙인다

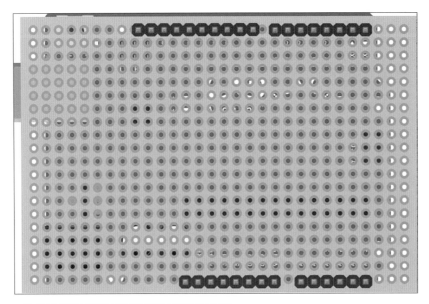

그림 11.24 헤더 핀들을 브레드보드에 납땜하여 붙인다

b. XBee Explorer를 보드에 납땜하여 붙이고, 전에 해 본 것처럼 전선을
사용하여 보드의 핀과 아두이노의 핀들을 적절하게 연결하여라. 드론 보
드를 만들 때와 같은 색의 전선을 사용하였는데, 이는 다음과 같다.

그림 11.24의 분홍색 전선은 데이터 출력선이며 이는 아두이노의 3번
핀과 연결되고, 데이터 입력선(파랑)은 아두이노의 2번 핀과 연결된다. 동
력(붉은색)선과 그라운드(갈색)선도 아두이노의 핀들과 각각 연결된다.

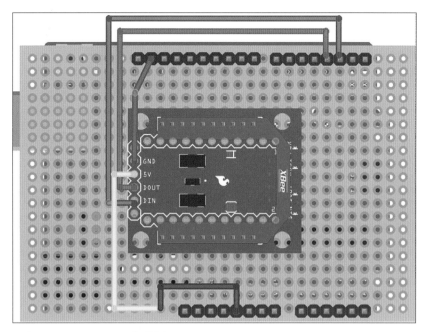

그림 11.25 XBee Explorer를 추가한다

c. LED 상태등을 납땜하여 붙여라. 5V와 LED의 양극과 연결하고, 그 사이에 220Ω 저항을 두어라. 그림 11.26에서 보는 것처럼, 나는 주황색 전선을 사용하였다. LED의 음극과 그라운드를 연결하고, 그림에서는 검은색 전선에 해당된다.

d. 두 개의 버튼을 추가하여라. 이들 버튼은, 그림 11.27에서의 보라색 전선과 같이, 각각 5V와 한 쪽 끝이 연결되어 있다. 음극은 아두이노의 디지털 핀과 연결되어 있는데, 이는 각각 아두이노의 6번 핀(주황색 전선)과 7번 핀(녹색 전선)이다. 마지막으로, 음극 핀을 그라운드와 연결하는데, 그 사이에 2KΩ짜리 저항을 둔다. 그림에서는 검은색 전선으로 표현되어 있다. 이제 컨트롤러를 완성했다.

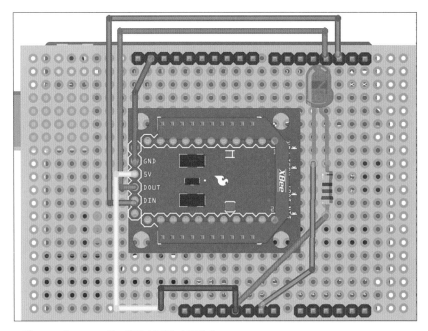

그림 11.26 테스트 LED와 저항을 납땜하여 붙인다

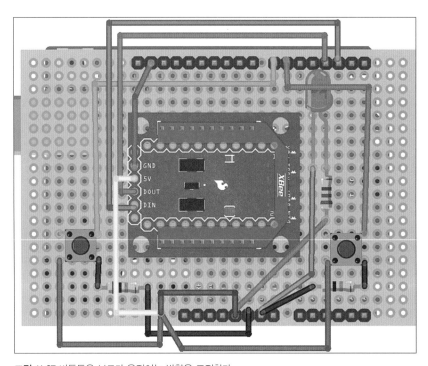

그림 11.27 버튼들은 보트가 움직이는 방향을 조정한다

페트병 보트 프로그래밍

XBee 네트워크 프로그래밍의 특징은 컨트롤러와 드론의 코드가 동일하다는 점이다. 이론적으로 드론은 컨트롤러에게 명령을 보낼 수 있다. 이 때문에, 사실상 양쪽 장치에 동일한 코드를 실행할 수 있다. 양쪽 아두이노에 다음 코드를 업로드한다.

```
#include <Wire.h>
#include <Servo.h>
// 다수의 변수와 myservo 상수를 초기화한다.
const int pumpPin = 11;
const int button1Pin = 6;
const int button1Pin = 7;
int button1State = 0;
int button2State = 0;

void setup() {
  myservo.attach(9); // 9번 핀의 서보를 서보 오브젝트에 붙인다.
  pinMode(11, OUTPUT);
  pinMode(6, INPUT);
  pinMode(7, INPUT);
  pinMode(button1Pin, INPUT_PULLUP);
  pinMode(button2Pin, INPUT_PULLUP);
}
void process_incoming_command(char cmd) {
  switch (cmd) {
    case '1': //왼쪽
      myservo.write(30);  // 서보를 30도 돌린다.
      delay(15);
      digitalWrite(pumpPin, HIGH);
      delay(1000);        // 1초동안 펌프를 켠다.
      digitalWrite(pumpPin, LOW);
      break;
    case '2':             // 오른쪽
      myservo.write(150); // 서보를 150도 돌린다.
      delay(15);
      digitalWrite(pumpPin, HIGH);
```

```
        delay(1000);
        digitalWrite(pumpPin, LOW);
        break;
    case '3': // 전진
        myservo.write(90); //   서보를 90도 돌린다.
        delay(15);
        digitalWrite(pumpPin, HIGH);
        delay(1000);
        digitalWrite(pumpPin, LOW);
        break;
    default: // 명령어가 없으면 펌프를 중단한다.
        delay(1000);
        break;
    }
}


void loop() {
    if (Serial.available() >= 2) {
        char start = Serial.read();
        if (start != '*')
        {
            return;
        }
        char cmd = Serial.read();
        process_incoming_command(cmd);
    }


    // 버튼이 눌렸는지 해석한다.
    button1State = digitalRead(button1Pin);
    button2State = digitalRead(button2Pin);
    if (button1State == HIGH) && if (button2State == LOW) {
        Serial.write('*');
        Serial.write(1);
    }
    if (button1State == LOW) && if (button2State == HIGH) {
        Serial.write('*');
        Serial.write(2);
    }
```

```
if (button1State == HIGH) && if (button2State == HIGH) {
  Serial.write('*');
  Serial.write(3);
  }
}
```

요약

이 장에서는 수상 드론에 대해 배우고 사실상 만들어 보기도 했다. 12장에서는
공중에서 사진을 찍을 수 있도록 3D 프린트 카메라가 올라간 쿼드콥터의 하드
웨어 제작을 끝낼 것이다.

12장

쿼드콥터 제작 5: 액세서리

쿼드콥터 프로젝트에서 지금까지, 비행 컨트롤, 모터 그리고 배터리와 같은 중요한 주제를 다뤄왔다. 이번 장에서는 그 밖에 모든 재미있는 것들을 다뤄볼 것이다! 하늘에 날릴 드론에 추가할 많은 것들을 구입하고 또 직접 만들 수도 있다. 12장에서 드론에 액세서리로 달 수 있는 여러 옵션들에 대해 공부할 것이다. 그런 다음, 쿼드콥터 위에 보호판와 카메라 마운트를 부착시킬 것인데, 그림 12.1에서는 완성된 드론의 모습을 담고 있다.

그림 12.1 이 장에서는 쿼드콥터의 물리적 제작을 완성할 것이다

쿼드콥터에 액세서리 부착

쿼드콥터를 가지고 있으니, 이제는 무엇을 할까? 많은 쿼드 파일럿들은 카메라, 일인칭 비디오 장비 그리고 보호용 플레이트와 같은 액세서리를 추가하고자 한다. 액세서리로 추가할 수 있는 여러 옵션들에 대해 살펴보자.

카메라

여러분이 가장 우선적으로 떠올릴 수 있는 액세서리인 카메라는 분명 매력적이다. 카메라를 드론에 달면, 보통의 인간이 닿을 수 없는 유리한 지점에서 사진을 찍을 수 있다. 사실, 카메라는 아마도 가장 대중적인 액세서리이기도 하고, 최근 법령으로 먹구름이 끼기는 했지만 어떤 사람들은 드론 촬영 사진을 팔아서 돈을 벌기도 한다.

마운트의 하단에는 모터가 장착되어 있어 카메라의 각도를 바꿀 수 있는 짐벌이 있다. 짐벌은 카메라의 셔터를 작동시킬뿐만 아니라 촬영 각도를 조정할 수 있게 해 준다. 대부분 짐벌은 쿼드콥터에서 사용되고 있는데, 항상 그런 것은 아니다! 고정날개비행기(고정익항공기)와 로버에도 역시 짐벌을 장착하면 좋다.

많은 항공 사진가들은 GoPro Hero(GoPro.com)를 선택하는데, 이는 내구성이 좋고, (40m까지) 방수가 되고 고속 촬영에 대한 설정을 할 수 있다. 다른 사람들과 공유할 만한 수많은 테크닉, 3D 프린트 마운드 그리고 타사 추가 기능에 대해 알고 있는, 두터운 GoPro 팬층을 확인할 수 있을 것이다. 인기 있는 또 다른 모델은 그림 12.2에 있는 Contour ROAM이다. Contour ROAM은 GoPro보다 값이 싸지만, 기능이 적다. 12장 후반부에서, 나는 쿼드콥터에 비슷한 카메라를 창착시키는 것을 보여줄 것이다.

그림 12.2 Contour ROAM은 드론 촬영에 많이 쓰인다

일인칭 비디오 장비[FPV]

내장형 GoPro가 있다면 굉장히 멋진 비디오를 촬영을 할 수 있겠지만, 뷰파인 터를 통해 바라볼 사람이 없어 어려울 듯하다! 때때로 카메라가 촬영하고 있는 것을 보고 싶어질 텐데, 이것이 바로 일인칭 비디오 장비[FPV]가 도입된 이유이 다. FPV는 작고 낮은 해상도의 카메라와 송신기, 안테나로 구성되어 있다. 비디 오 영상은 송신기와 짝을 이루는 수신기를 통해 모니터에 표시된다. 일부 FPV 세트에는 비디오 고글이 포함되어 있어, 쿼드콥트의 시점에서 볼 수 있도록 해 준다!

FPV의 쓰임에 있어 한 가지 흥미로운 점은, 드론 스포츠에서 쓰이기 시작했 다는 점이다. 레이싱 이야기를 하고 있는 것인데, 파일롯들은 드론의 시야에서 바라보면서 드론을 코스를 따라 움직이게 한다. Game of Drones(gameofdrones.

com)는 '공중 전투'라는 행사를 주관하였는데, 마지막까지 나는 쿼드콥터가 경기에서 이기는 방식이다. 이 회사는 심지어 "Hiro"에어프레임 키트를 참가자와 그 밖의 다른 사람들에게 팔기도 했다.

그림 12.3에서는 드론제작자인 스티브 로드핀크의 쿼드콥터를 근접 촬영한 사진인데, 전면에 FPV 카메라를 뽐내고 있다. 또한 전자 장비를 덮고 있는 보호용 돔 지붕도 볼 수 있다.

그림 12.3 이 쿼드콥터의 FPV 렌즈는 보호용 플래스틱 돔 밖으로 튀어나와 있다 (출처: 스티브 로드핀크)

착륙 장치

착륙 장치 다리는 드론이 땅에 떨어지지 않게 할 뿐 아니라, 아래쪽에 카메라를 둘 공간을 마련해 주어 카메라가 충격으로부터 보호해 준다. 그림 12.4에 있는 것처럼 튼튼하고 (큰!) 콤보 팩키지 같은 키트를 구입할 수 있다. 이 키트에는 마운팅 패드(탑재 패드)가 들어 있어, 착륙 장치 다리로 보호되는 콥터의 아래에 카메라를 부착할 수 있다. 그 밖에 다른 많은 키트들이 있는데, 보통은 쿼드콥터 모델별로 특화되어 있다. 그렇다고 하더라도, 많은 경우, 다른 유형의 드론에 맞게 개조하는 것도 가능하다. 그림에 나오는 키트는 DJI F450 쿼드콥터를 위해 설계된 복제품no-name clone이지만, 센터 플레이트 연결 시스템을 가진 비슷한 크기라면 어떤 쿼드콥터에도 사용할 수 있다.

그림 12.4 많은 쿼드콥터 파일럿들은 다양한 착륙 장치를 바꿔가며 쓴다

물론, 나는 언제나 드론 제작자들에게 싱기버스Thingiverse와 유사한 3D 프린터 디자인 사이트를 확인해 보라고 한다. 이들은 굉장히 다양한 프린트해서 사용할 수 있는 착륙 장치 다리 디자인을 제공하고 있는데, 그 중에는 특정 드론 모델에 맞는 디자인들로 시판용 키트와 것들이다. 사실, 이 책의 쿼드콥터 프로젝트를 위해서 내가 디자인한 것도 내 싱기버스 페이지(http://www.thingiverse.com/jwb)에서 구할 수 있다.

낙하산

모든 쿼드콥터 파일럿들은 자기 새(드론)가 하늘에서 떨어져 땅에서 산산이 부서지는 것을 목격할까봐 두려워한다. 중력이 그렇게 싫을 수가 없다!! 이에 대한 한 가지 해결책은 전력이 끊기면 자동적으로 펴지는 낙하산을 달아 놓는 것이다.

낙하산 시스템은 분명 쿼드콥터 업계에서는 주된 품목을 아니지만, 그래도 시판되는 것들이 몇 개 존재한다. Sky Recovery Launchers(Skycat.pro)는 600불인데, 가격을 들었을 때 비싼 것 같지만 이보다 값이 나가는 카메라까지 장착한 비싼 드론을 생각해 보면, 이 정도 가격이면 적당해 보인다. Skycat 리커버리 시스템은 그림 12.5에 나와 있다.

그림 12.5 Skycat 리커버리 시스템은 쿼드콥터에 전력이 끊기면 낙하산을 사용한다 (출처: Skycat)

쿼드콥터의 사용이 늘면서 떨어지는 드론에 사람들이 머리를 부딪힐 수 있기 때문에, 탑재된 낙하산의 사용이 언젠가는 법제화될 수도 있다.

보호판 또는 돔

때때로 전자 장비를 보호하는 보호판나 돔 지붕이 있는 쿼드콥터를 본 적이 있을 것이다. 콥터들이 충돌하고서, 소중한 마이크로컨트롤러가 조각조각 부서지는 것을 보고 싶지 않을 것이다. 프로펠러가 부서지는 것과 200불짜리 비행 컨트롤 패키지가 튕겨나가 조각나 흩뿌려지는 것을 보게 되는 것은 별개의 문제이다.

분명, 드론이 바위나 콘크리트판에 부딪힌다면, 어떠한 보호판도 드론을 지켜내지 못한다. 하지만, 다수의 일상적인 그리고 상당히 경미한 수준의 작은 충돌 역시 쿼드콥터에 손상을 입힐 수 있다.

드론을 만들 때, 직접 플레이트도 만들고 싶을 테지만, 시중에서도 역시 구할 수 있다. 많은 경우, 플레이트는 기체를 구입할 때 함께 제공되지만, 어떠한 쿼드콥터에도 맞게 개조할 수 있는 독립실행형 제품을 선택할 수도 있다.

한 가지 흥미로운 방법은 구식 카메라 돔을 고쳐 사용하는 것이다. 지금 말하고자 장비는 습기나 호기심에 만져보는 사람들의 손가락으로부터 렌즈를 보호해 주는 반구체이다. 그림 12.6에서 나온 것은 우리가 사용하기에는 너무 작지만, FPV 카메라 보호용으로는 괜찮을 듯하다.

그림 12.6 보호용 돔은 충돌로부터 전자 장비를 구해낸다

프롭 가드

프로펠러가 드론에서 무엇보다도 가장 약한 부분이지만, 프롭 가드는 일상적인 손상으로부터 프로펠러를 보호해 준다. 물론 작은 새장처럼 보이는 더 복잡한 것도 있지만, 프롭 가드는 대개의 경우 가장자리가 이어진 간단한 플라스틱 링으로 되어 있다. 또 어떤 것들은 프로펠러를 보호하기 위해 섀시로 되어 있기도 하는데, 이는 섀시의 안쪽으로 프로펠러가 들어가는 형태이다.

프로펠러는 잘 부서지기 때문에, 많은 환경설정 및 스타일에서 프롭 가드가 사용된다. 하비 스토어나 웹사이트에서 프롭 가드를 구할 수 있으며, 싱거버스에서는 훨씬 많은 것들을 다운로드 후 출력하여 사용할 수 있다. 그림 12.7의 가드(http://www.thingiverse.com/thing:652455)는 DJI Phantom 2 Vision에 맞게 설계된 것이다.

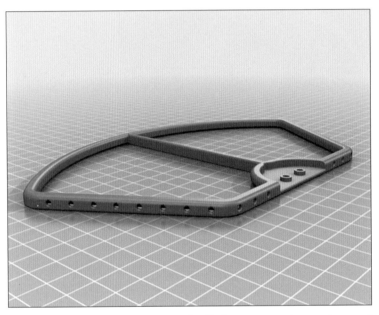

그림 12.7 3D 프린터로 출력하여 만든 프롭 가드 (출처: yuppchukno, Creative Commons)

프로젝트: 쿼드콥터에 액세서리 추가

쿼드콥터의 물리적 제작에 있어 마지막 단계에서, 보호판와 착륙 장치 그리고 카메라 마운트를 쿼드콥터에 추가하게 될 것이다. 이는 드론을 훨씬 잘 작동하게 하는 마무리이다. 그림 12.8은 위에서 언급한 부속물들이 장착된 드론을 보여주고 있다.

그림 12.8 새로운 부속물(액세서리)을 멋지게 장착하고 있는 쿼드콥터 드론

카메라 마운트 설치

두 개의 싱기버스 파일이 카메라 마운트 설치에 사용되는데, GoPro 어댑터를 장착한 renelm's ContourHD 마운트(Thing #423077)와 ark19's GoPro Arca Mount V2(Thing#234654)가 이에 해당된다. 싱기버스와 다른 공유 플래폼의 멋진 점은 이들이 프로젝트에 도움을 주면서도 그 점에 대해 생색을 내지 않는다는 점이다! 그냥 호환 가능한 디자인을 출력해서 연결하기만 하면 된다. 그림 12.9에서는 두 개의 부품을 볼 수 있다.

그림 12.9 카메라와 방금 출력한 마운트

만약 3D 프린트를 사용할 수 없다면, 시판되는 여러 마운트 중에서 선택할 수 있다. 계속해서 나는 HitCase(hitcase.com)를 추천하고 있는데, 여기에서는 특히 방수 및 충격 방지용 전화기 케이스와 튼튼한 마운팅 솔루션을 갖추고 있다.

1. 앞서 언급한 두 개의 싱기버스 파일, 즉 ContourHD 마운트와 GoPro 어댑터(http://www.thingiverse.com/thing:423077_) 그리고 GoPro Arca 마운트(http://www.thingiverse.com/thing:234654)를 출력하여라. 출력물 중 하나를 그림 12.10에서 확인할 수 있다.

그림 12.10 막 인쇄되어 출력된 카메라 마운트

2. 부품들을 조립하여, #4×1인치 나사로 고정시켜라. 그림 12.11에서는 부품을 조립 후 고정된 모습을 보여주고 있다.

3. 쿼드콥터를 뒤집어서 카메라 마운트를 나무 플랫폼의 밑면에 부착하여라. 이때 필요하면, 그림 12.12에서처럼 드릴로 구멍을 뚫어라. #4×3/4인치 나사를 사용한다.

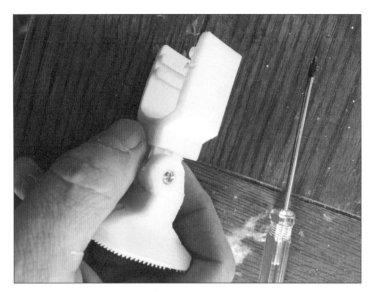

그림 12.11 두 개의 부품을 조립하여 붙인다

그림 12.12 마운트를 플랫폼의 밑면에 붙인다

착륙 장치 설치

다음은 쿼드콥터의 기존 다리에 적절한 착륙 장치를 더해 주는 작업이다. 나는 SketchUp에서 착륙 장치를 설계하였는데, 이 프로그램SketchUp은 상당히 실용적이다! 다리는 메이커빔의 빔의 단면도와 일치하는 내부가 비어 있는 형태이다. 그림 12.13에서 설계해 놓은 것을 볼 수 있다.

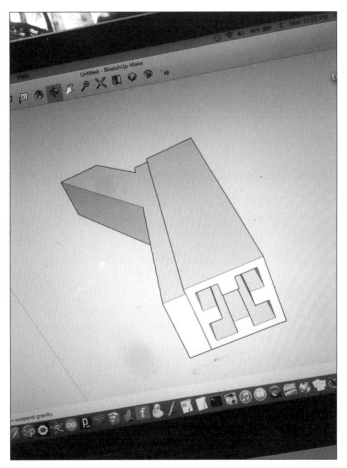

그림 12.13 착륙 장치는 SkektchUp에서 형태를 잡았다

1. 착륙 장치를 출력하여라. 파일은 http://www.thingiverse.com/jwb에서 구할 수 있다. 그림 12.14는 출력된 다리의 중 하나를 보여준다.

그림 12.14 착륙 장치는 사진에서 보이는 것과 같은 다리 4개로 구성된다

2. 출력한 다리를 깨끗하게 정리하고, 그림 12.15에서 보이는 것처럼 3D 프린터로 출력된 부품을 메이커빔 다리에 끼워 넣는다. 내 경우에는 유격을 조금만 주어서 끼우기가 쉽지 않았지만, 약간만 헐겁게 만들어 글루건을 이용해서 떨어지지 않게 잘 잡아주면 좋을 것 같다. 이 작업을 잘 해내고 나면, 카메라를 위한 충분한 공간이 확보될 것이다.

그림 12.15 3D 프린터로 출력된 다리를 끼운 모습

상판 설치

상판은 전자 장비를 위한 약간의 공간을 만들어 줄 알루미늄 스탠드오프를 네 개 가진, 레이저로 자른 나무 판으로 되어 있다. 그림 12.16은 플레이트를 장착해 놓은 쿼드콥터를 위에서 찍은 사진이다.

그림 12.16 쿼드콥터의 상판은 추가할 마지막 구성요소이다

1. 설계도를 레이져로 잘라내는데, 이 설계도는 내 싱기버스 페이지에서 다운로
   드할 수 있다. 나는 1/4인치 자작나무 합판을 사용하였는데, 이는 내가 선호
   하는 레이저-커터 소재이다. 그림 12.17은 플레이트를 보여주고 있다.

2. 네 개의 2인치 #4 M-M 알루미늄 스탠드오프 또는 이와 비슷한 것을 사용하
   여 상판을 설치하여라. 스탠드오프는 전자부품 가게나 철물점에서 구할 수
   있다. 그림 12.18은 액세서리를 알맞은 장소에 부착해 놓은 쿼드콥터의 최종
   모습이다.

그림 12.17 레이저로 자른 플레이트는 쿼드콥터의 상부를 보호해 줄 것이다

그림 12.18 쿼드콥터의 하드웨어를 모두 완성하였다

요약

12장에서는 3D 프린트로 인쇄된 카메라 마운트를 추가함으로써 쿼드콥터 프로젝트의 하드웨어 부분은 완성하였고, 이 과정에서 쿼드콥터 액세서리에 대해 많은 것을 알아보았다. 이제 남은 것은 소프트웨어뿐이다! 하지만, 먼저, 다른 드론을 하나 더 만들어 보자. 13장에서는 시중에서 구매할 수 있는 자동차 드론을 알아보고 이를 변형하여 RFID 센서를 장착하는 방법을 배운다.

13장

로버 제작

이 책에서 만들어볼 마지막 종류의 드론은 로버이다. 로버는 마당 같은 곳을 돌아다니며 탐색을 하게 하거나 애완동물 놀라게 하는 자동차 드론을 일컫는다. 그림 13.1에서 보는 것과 같은, RFID-내비게이팅 노마드는 모터가 장착된 튼튼한 알루미늄 섀시와 큰 우둘투둘한 타이어, 플라스틱 인클로저로 구성되어 있다. 무선주파수(RFID) 식별 센서와 초음파센서로 구성된 센서 패키지가 이 플랫폼에 더해진다.

그림 13.1 RFID-내비게이팅 노마드가 RFID 태그에 의해 조정되는 대로 움직인다

하지만 프로젝트를 착수하기 전에, 먼저, 로버의 장점과 단점이 무엇인지에 알아볼 것이다. 그리고 나서 초보 로봇을 만들기 위한 다양한 섀시의 옵션을 살펴볼 것이다. 마지막으로 RFID 태그가 내비게이션을 위해서 로버에서 어떻게 사용되는지에 대하여 알아볼 것이다. RFID가 장착된 로버는 재미있는 로봇이다!

로버의 장점과 단점

다른 드론들처럼, 로버에도 분명한 장점과 단점을 가지고 있고, 계획하는 단계에서 살펴보는 게 좋을 것 같다.

로버의 장점

로버의 장점은 다음과 같다.

- 절대 잃어버릴 수가 없다! 수상 드론이 눈앞에서 가라앉거나 쿼드콥터가 멀리 날아가 버리는 것을 눈앞에서 목격한 사람에게는 땅에서만 움직이는 로버는 분실과 파손에 대한 걱정을 덜어준다.

- 로버는 정지 상태에서 마찰력과 중력에 의존하기에, 작동시키기 위해 그리 많은 동력이 필요하지는 않다. 배터리 용량에 따라서, 로버는 이론적으로 며칠 동안은 자율 유지stay autonomous가 가능하다. 만약 태양전지판으로 동력을 공급받는다면, 훨씬 오랫동안도 가능하다. 다른 종류의 드론에서는 이런 일은 불가능하다.

- 앞서 언급한 두 가지 장점은 이제 소개할 마지막 장점을 강화시켜준다. 자율적autonomous일 때 로버가 가장 좋은 것인데, 이런 로버들은 장기간 동안 홀로 둘 수 있기 때문이다. 덤불 사이를 돌아다니며 센서 판독을 하는 기상관측 로봇을 생각해 보자. 쿼드콥터 였다면 단지 몇 분 동안 공중에 띄어둘 수 있지만, 로버의 경우는 이론적으로 며칠 동안 둘 수 있다.

로버의 단점

로버의 멋진 점들로 인해 흥분해 있겠지만, 로버의 경우도 완벽하지는 않다는 점을 잊지 않기를 바란다. 이제 단점에 대하여 이야기하려고 한다.

- 로버는 조금은 지루하다. 다른 것들과 비교해보자면, 쿼드콥터나 보트 제작의 매력 중 일부는 익숙하지 않은 환경에서 이동할 수 있다는 것이다. 땅 위에서 굴러다닐 수 있다는 것과는 비교가 되지 않는다.

- 수상 드론에서처럼, 로버를 사용하는 장소에 대한 문제가 있다. 마당이 넓지 않다면, 덤불 아래에서 드론을 보는 것에 익숙하지 않은 사람들을 놀라게 하지 않고 로버를 작동시킬 장소는 찾아야 하는 문제에 직면하게 된다. 덤불 사이를 기어 다니는 로버를 갖는다는 게 멋지고 좋겠지만, 로버의 왁자지껄한 소리에 어떤 사람들은 깜짝 놀랄 수 있다. 그런데 만약 집에 마당이 크다면, 장소에 대한 걱정을 덜을 수 있다.

섀시 옵션

비교적 단단한 것이면 무엇이라도 섀시로 만들 수 있다. 로버는 쿼드콥터와는 다르게 무게 제한이 크지 않아서, 강철, 나무, 플라스틱 또는 그 밖에 원하는 무엇으로든 만들 수 있다. 섀시 선택에서 가장 중요한 기준은 그 위에 구성요소를 고정시킬 수 있는가 여부이다. 이 책에서는 섀시 제작에 대한 여러 옵션을 제시하고 있는데, 예를 들면 키트를 이용하거나 3D 프린터 혹은 다른 컴퓨터 제어 툴로 만들 수도 있으며 이미 만들어진 로봇공학 플랫폼을 구입하여 사용할 수 있다.

3D 프린터로 제작

싱기버스와 다른 3D 프린팅 사이트에는, 그림 13.2에 나온 것과 같이 3D 프린터로 출력할 수 있는 굉장히 다양한 로봇 섀시를 갖추고 있다. 사진 속의 로버는 화상에 보낸 로버와 같은 것으로 싱기버스 사용자 SSG1712에 의해 설계된 것이다. 이는 http://www.thingiverse.com/thing:835053에서 구할 수 있다.

그림 13.2 이 섀시가 마음에 드나요? 직접 출력하세요 (출처: SSG1712)

이와 같이 프린터로 출력하여 사용할 수 있는 프레임 대다수는 위에 마운팅 홀이 여러 개 뚫려 있는데, 일반적으로 제작자 자신이 사용하는 기계적 부착물들에 맞도록 되어 있다. 하드웨어의 부품번호는 일반적으로 디자인 패턴에 따라 부여되는데, 이렇게 해서 이론적으로 시간 낭비를 줄일 수 있다. 이는 이상적인 작업으로 들리지만, 몇 가지 단점들도 있다. 먼저, 3D 프린터 출력에는 시간이 오래 걸리며, 섀시를 출력하는 데 몇 시간이 걸릴 수도 있다. 다음으로, 많은 제작자들은 3D 프린터로 출력한 부품은 공장에서 가공 혹은 레이저로 만들어진 부품보다 내구성이 떨어진다고 생각한다.

타미야

모형 제작 회사인 타미야Tamiya는 나무와 플라스틱 그리고 고무 재질로 복잡한 기어박스와 드라이브 트레인[1]을 생산한다. 그림 13.3의 모델은 두 개의 DC 모터로 이루어져 있는데, 어느 한 쪽 트랙을 역전시켜서 마이크로컨트롤러로 하여금 어셈블리를 조정하게 할 수 있다. 타미야는 섀시 같은 많은 제품들을 판매하고 있는데, 로봇을 타미야의 기어박스에 장착시킬 수 있다. 기계적 장치를 이리저리 만지고 고치고 하는 일에 흥미가 없다면, 타미야 사 같은 회사의 제품을 이용하는 것도 나쁘지 않은 선택이다.

그림 13.3 타이야: 조립하기에 값도 싸고, 창의적이며, 재미있다

---

1 엔진 또는 모터의 동력을 전달하여 차량이 움직이게 하는 동력전달장치의 총칭이다. 기어박스, 드라이브 샤프트, 고무벨트 등이 포함될 수 있다. RC 자동차에는 주로 드라이브 샤프트 방식과 고무 벨트 방식 두가지가 사용된다.
   – 옮긴이

엠보트

미리 만들어진 섀시 부문에 있어 또 다른 접근 방식인 엠보트mBot(http://mblock. cc/mobt, 그림 13.4)는 기본적으로 아두이노로 또는 스크래치 비주얼 프로그래밍 언어(http://scratch.mit.edu/)를 사용하여 프로그램되는 것이 아니라 완전한 로봇 이다. 엠보트 섀시에 아무 것도 장착되지 않은 수많은 마운팅 홀을 볼 수 있는 데, 이 마운팅 홀을 이용하여 로봇에 장착할 수 있다. 이는 마치 타이먀의 드리 이브트레인에 센서와 버튼, LED를 믹스에 추가시켜 놓은 것처럼 보인다.

그림 13.4 엠보트 로봇이 센서 한 묶음을 장착한다

아두이노 로봇

아두이노 로봇Arduino Robot(그림 13.5)은 미리 만들어진 교육용 로봇인 엠로봇과 기본 관념은 같은데, 빌트인 LCD, 부저, 오디오 센서, 버튼 배열, 프로토타이핑 영역 그리고 수없이 많은 다른 기능들을 과하게 장착하고 있다는 점이 다르다. 아두이노 로봇이 적절하지 않은 이유는 아마도 파손성 때문일텐데, 로봇 전체가 노출된 서킷보드 매트리얼이다. 이 점과 그리고 낮은 휠베이스로 인하여 짧은 털로 된 카펫 말고 까다로운 지형에서는 쓸모 없게 된다. 이외에도 거의 300불로 값도 비싼데, 물론 정말 다 갖춰져 있기는 하다!

그림 13.5 아두이노 로봇은 필요할 수 있는 모든 것은 다 갖추고 있으며, 더불어 미리 예상치 못한 필요한 부품을 장착할 공간도 충분히 가지고 있다 (출처: Arduino.cc)

액토보틱스 보기

그림 13.6의 미니 로버(ServoCity.com, P/N 637162)는 6개의 별도 엔진이 달린 바퀴와 로커-보기 서스펜션을 뽐내고 있는데, 이는 모든 종류의 장애물을 안내해 준다. 베드와 레그는 내구력이 좋은 플라스틱으로 만들어졌으며, 서스펜션 시스템은 거친 지면을 이동할 수 있도록 해 준다. 여기에 전원 서플라이, 마이크로컨트롤러, RC 수신기와 다른 부품들을 장작하여 완전한 형태를 갖춘 로봇으로 만들 수 있다.

그림 13.6 보기는 모든 테란 로버에 대한 매우 단단한 플래폼이 된다

RFID 태그로 내비게이팅

RFID 태그는 전원 서플라이가 필요하지 않다. RFID 태그는 리더의 전파로 동력을 공급받는다. 그림 13.7에 나온 것처럼 태그는 다양한 모양으로 만들 수 있는데, 신용카드, 열쇠고리 줄, 접착식 스트커 심지어 대못(스파이크)으로도 가능하다.

근처에 동력이 공급된 리더가 있으며, 태그의 코일은 작은 무선통신장치를 작동시키기에 충분한 전력을 공급받게 되고, 이는 태그 고유의 코드를 전송하게 된다. 그림 13.8에서는 이 과정에 대하여 시각적으로 볼 수 있다.

그림 13.7 RFID 태그는 다양한 형태와 다양한 크기로 만들 수 있다

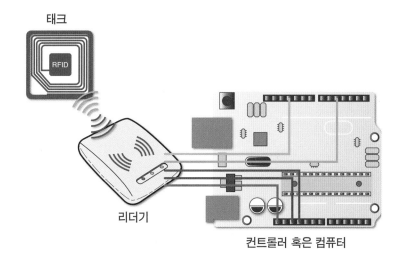

태크

리더기

컨트롤러 혹은 컴퓨터

그림 13.8 RFID 태그는 자체 전력 소스 없이 전파를 전송한다

코드는 32비트 데이터로 구성되어 있는데, 각각은 0 또는 1로 구성되어 있다. 이것은 16자리 문자열 인데, 그 중 12 문자열이 실제 코드이다. 여기서 시작과 끝 마커를 빼면, 10자리 숫자와 글자로 이루어진 코드만 남게 된다.

예를 들어, "오른쪽으로 90도 돌고 난 후 10피트 이동하여라"에 대한 코드와 "3피트 후진하라"의 코드는 다르다. 물론, 아두이노 스케치에 추가하기 위해 코드를 미리 알 필요가 있다. 다른 흥미로운 옵션에는 길을 찾아가며 그때그때 알맞게 태그를 사용하는 방법도 있다. 말 그대로 가면서 태그를 뿌려서 로봇을 조정한다고 할 수 있다.

프로젝트: RFID-내비게이팅 로버

그림 13.9와 같은 RFID-내비게이팅 로버로 들어가서 만들어 보자. 이는 액토보틱스 노마드Actobotics Nomad 키트로 만든 섀시로 되어 있다. 이 베이스에 예상되는

RFID 리더뿐 아니라 거리측정을 위한 초음파센서 그리고 아두이노와 모터 실드
를 추가한다.

그림 13.9 RFID-내비게이팅 로버는 거리 측정을 위해 초음파센서를 사용한다

부품

섀시 키트로 정하면 따로 구입해야 할 것들이 많이 줄지만, 그래도 여전히 다음
의 부품 목록과 같이 많은 부품이 필요하다.

- **액토보틱스 노마드**Actobotics Nomad **로버 섀시** 이 시중에서 구할 수 있는 섀시 (SparkFun P/N 13141)은 RFID-내비게이팅 로버의 근간이 된다.

- **3인치 길이의 3인치 액토보틱스 알루미늄 채널**(SparkFun P/N 12498)

- **180% 이상의 로테이션 각을 가진 서보** 내가 사용한 서보는 Hitec HS-422HD(SparkFun P/N 11884)이다.

- **서보 마운트** 나는 액토보틱스 서보 플레이트 B(SparkFun P/N 12444)를 사용하였다.

- **긴 서보 허브**(SparkFUn P/N 12227)

- **24 게이지 연선**(Jameco P/N 2187876)

- **RFID 센서**(SparkFun P/N 11827). 이 센서는 125KHz이고, 여기에 맞는 태그가 필요할 것이다.

- **RFID 태그**(SparkFun P/N 8310). 명함 크기로 고유의 32자리 ID 코드로 암호화 되어 있으며, 이 코드는 변경할 수 없다. 활성화 상태에서, 태그는 이 코드를 전송한다.

- **RFID 브레이크아웃 보드**(SparkFun P/N 13030). 반드시 있어야 할 필요는 없지만, 센서의 2mm 간격의 커넥터들을 좀 더 브레드보드에서 사용되는 0.1인치 간격으로 나누어 주기 때문에 브레이크아웃 보드가 있으면 좋기는 하다.

- **초음파센서** Sin Smart HC-SR04를 온라인으로 구매할 수 있다. 이와 비슷한 센서로 Makeblock Me-Ultrasonic Sensor(P/N 11001)를 www.makeblock.cc에서 구입할 수 있다.

- **연장 점퍼**(extention jumper)(Adafruit P/N 826)

- **#4-24×1/4인치 필립스 팬헤드 셀프드릴링 스크류** 예를 들자면, Fastenal P/N 0143528

- **9V 배터리 플러그** Adafruit P/N 80이면 괜찮을 것이다.

- **모터에 쓰일 8×AA 배터리 팩**(Adafruit P/N 449)

조립 과정

RFID 내비게이팅 로버를 조립해 보자. 먼저 액토보틱스 노마드 키트를 조립하는 것으로 시작하다. 액토보틱스는 섀시 조립 설명을 비디오로 담아 유투브에 올려두었으며, 주소창에 http://www.youtube.com/watch?v-FAPDkyeAek8 을 치면 볼 수 있다. 자 이제 다음 과정을 따라해 보자.

1. ABS섀시를 조립하여라. 그림 13.10에서 보이는 섀시는 함께 들어있는 #6-32 소켓헤드 스크류와 여기에 맞는 커넥터 블록과 나사로 고정시킨다. ABS_{acrylonitrile butadiene styrene}라는 무겁고 내구성이 좋은 플라스틱으로 만들어졌기 때문에 ABS 섀시라고 불리는데, 이는 레고 블록에도 쓰이는 것과 동일한 재질이다. 내구력 외에도, ABS는 구멍을 뚫기도 쉽고, 이 섀시는 필요한 하드웨어를 장착시킬 수 있도록 마운팅 홀이 뚫린 채로 나와 있다.

그림 13.10 ABS 섀시를 조립하여라

2. 세시에 세 개의 4.5인치 길이의 채널을 부착하여라. 액토보틱스의 핵심 부품이 알루미늄 채널인데, 금속빔으로 수십 개의 마운팅 홀이 뚫려 있다. 이 단계에서 더 많은 마운팅 블록의 도움으로 세 개의 채널을 부착하였다(그림 13.11).

이 채널은 BS에 어떠한 실질적인 구조적 지원도 하지 않는다. 다만 센서와 다른 구성요소에 대한 플랫폼 역할을 할 뿐이다. 제작 과정상 조금 있다가 회전형 초음파센서는 상부 채널에, RFID 센서는 전면 채널에 추가시키는 작업을 하게 될 것이다.

그림 13.11 사진 속의 채널에는 센서가 부착될 것이다

3. 그림 13.12에서 보이는 것처럼 커넥터 블록을 이용하여, 6인치 채널을 ABS 세시 하단에 부착한다. 두 개의 다른 마운트를 양쪽 측면에 부착할 것이다. 마운트 중 하나는 쿼드 필로우 블록(사진에서 A로 표시)인데, 베어링이 부착되어 있어 1/4인치 축이 자유롭게 회전하도록 해 준다. 나머지 부착물은 쿼드허브 마운트로(사진에서 B로 표시)인데, 앞서 설명한 마운트와 유사하지만 베어링은 부착되어 있지 않다.

그림 13.12 이 6인치 채널은 결국 바퀴 조립을 지지해 줄 것이다

그림 13.13 12인치 채널에 모터 마운트를 부착하여라

5. 그림 13.14에서 보이는 것처럼, 고정 나사 허브와 8인치 축을 12인치 채널 중 하나에 설치한다.

6. 12인치 채널을 하나를 추가하는데, 이를 ABS 섀시에 올려진 6인치 채널에 올린 쿼드허브 마운트에 고정한다. 샤프트_{shaft}가 통과하는 12인치 채널 위에 스페이서와 베어링을 사용한다. 어떤 모양일 지는 그림 13.15에서 볼 수 있다. 이 채널은 사방으로 움직이고 싶어할 것이다! 이 채널은 여러 방향으로 움직일 수 있고, 이 때문에 로버가 거친 지면을 돌아다닐 수 있다.

그림 13.14 고정 나사 허브와 8인치 축을 12인치 채널 중 하나에 부착하여라

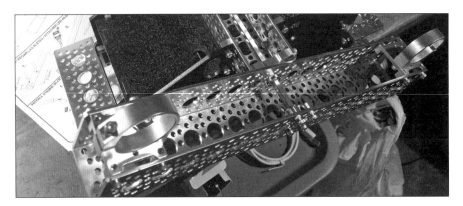

그림 13.15 12인치 채널 중 하나를 섀시와 연결하여라

7. 남은 12인치 채널을 부착하는데, 그림 13.16에서 보이는 것처럼 축의 다른 쪽을 지탱할 베어링을 넣어준다. 이 채널은 움직이지 않는다. 왜냐하면 휠 마운트 양쪽이 다 움직이면 섀시가 한쪽으로 떨어질 수 있기 때문이다.

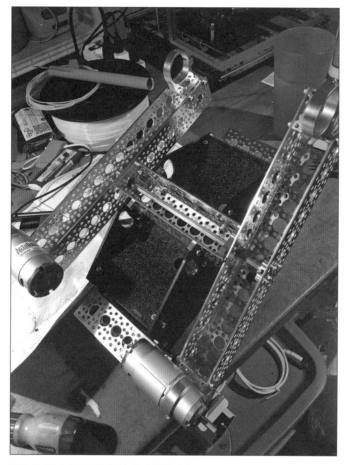

그림 13.16 나머지 12인치 채널을 부착하여라

8. 모터와 헥스 휠 어댑터를 그림 13.17와 같이 설치하여라. 코터는 12인치 채널의 끝에 있는 클램프 채널쪽으로 살짝 밀듯이 넣어준다. 각각의 축 위에 헥스 휠 어댑터를 부착하는데, 그 위에 바퀴를 붙일 것이다.

그림 13.17 모터와 휠 어댑터를 부착하여라

9. 바퀴를 조립하고 설치하여라. 바퀴는 플라스틱 림, 림을 감싼 폼 인서트 그리고 폼을 덮고 있는 고무 타이어로 구성되어 있다. 바퀴의 모습은 그림 13.18에서 확인할 수 있다. #6-32 소켓-헤드 나사를 더 사용하여 바퀴를 어댑터에 부착하여라.

그림 13.18 바퀴를 조립하고 설치하여라

10. 키트 조립은 끝났다! 지금까지 조립한 모습은 그림 13.19와 같아야 한다. 다음 단계는 센서를 달아서 로버를 취향에 맞게 만들 것이다. 부품 목록에서 언급한, 이 단계 이후 필요한 액토보틱스 부품 모두는 개별적으로 구매해야 함을 기억해라.

11. #6-32 나사를 사용하여 서보를 서보마운트에 부착하여라(그림 13.20).

그림 13.19 키트 작업을 끝냈으니, 이제는 커스터마이즈하자!

그림 13.20 서보를 서보마운트에 부착하여라

12. 그림 13.21과 같이 서보를 상부 채널에 설치하여라. 가능하면 서보 허브를 채널의 중앙에 오도록 설치하여라. 서보의 전선은 채널의 중앙 구멍을 통해 나갈 것이다.

그림 13.21 서보를 상부 채널에 설치하여라

13. 서보와 함께 온 고정 나사를 사용하여 서보 허브를 설치하여라(그림 13.22).

그림 13.22 서보 허브를 설치하여라

14. 3인치 길이의 채널을 서보허브에 부착하면, 그림 13.23과 같은 모습이 될 것
    이다. 이 채널은 초음파센서를 회전시킬 작은 탑turret이 될 것이다.

그림 13.23 3인치 길이의 채널을 추가하여라

15. 초음파센서의 마운트를 조립하여라. 그림 13.24에 나온 것처럼, 이 첨단 센서 조립품은 센서와 양면 테이프로 센서를 부착할 수 있는 작은 나무판으로 구성되어 있다. 이 작업을 하면서 센서의 4개 리드를 전선에 부착한다. 나무판은 가로 1.5인치, 세로 3인치 크기로 준비하여, 설치된 채널 안에 꼭 맞게 들어가도록 한다.

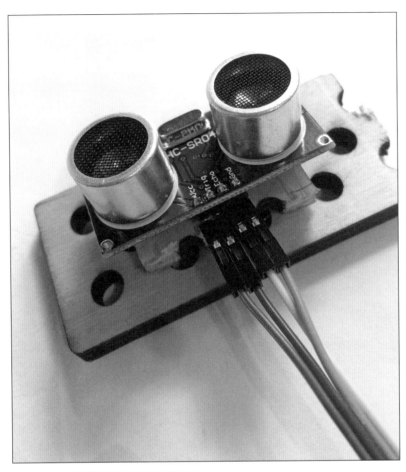

그림 13.24 초음파센서의 마운트를 조립하여라

16. 초음파센서 조립품을 3인치 채널에 설치하여라. #3 둥근 머리 나사를 사용하여 나무판을 고정시키거나, 끼워 넣어라. 내가 사용한 나무판은 별도의 나사 같은 것 없이 꼭 맞게 들어갈 수 있는 너비였다. 그림 13.25를 보면, 어떤 모습인지를 확인할 수 있다.

그림 13.25 초음파 조립품을 설치하여라

17. 다음 단계로, RFID 센서에 전선 연결을 할 필요가 있다. 도움이 될 만한 한 브레이크아웃 보드인데, 여기에 대해서는 부품 리스트를 언급할 때 설명하였다. 이 툴은 2mm 간격의 센서핀을 브레드보드처럼 0.1인치 간격으로 벌려준다. 어느 쪽으로든 상관없이, 그림 13.26에서처럼 핀에 전선을 연결하면 된다. 만들면서 후에 전선의 나머지 끝들이 어디에 연결되는지를 보여줄 것이다.

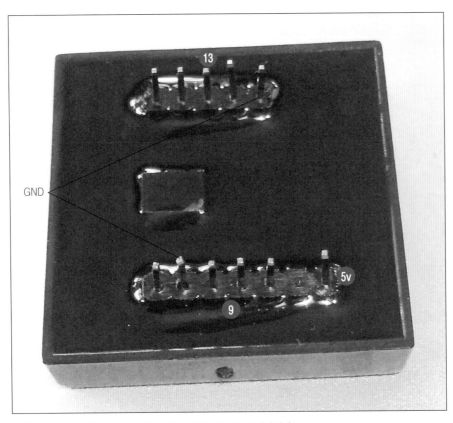

그림 13.26 이 사진에서 보는 것처럼, RFID 모듈에 전선을 연결하여라

18. 다른 조립품들 작업처럼, 센서에 나무 조각에 센서를 붙여라. 그림 13.27에
서는 부착된 모습을 보여주고 있다.

19. 다음으로 전자장비를 설치해 보자. 그림 13.28은 다양한 구성요소와 연결하
는 법을 보여주고 있기는 하지만, 여기서 하나씩 다뤄보자.

a. 아두이노 위에 모터 실드를 놓는다.

b. 모터 전선을 모터 실드 위에 있는 네 개의 모터 포트에 연결하여라. 간단
히 스크류 터미널에 연결하기만 하면 된다. 만약 모터의 회전이 예상과
반대라면, 리드를 거꾸로 하면 된다.

c. 서보의 전선과 모터 실드의 세 개의 핀을 연결하여라. 전선 끝 플러그는 핀에 밀어 넣어야 한다.

d. 초음파센서를 연결하여라. 5V와 GND 표시가 있는 핀들을 아두이노에 각 해당 핀에 붙인다. TRIG는 핀 12에 연결하고, ECHO는 핀 11에 연결한다.

e. RFID의 전선을 실드의 각 해당 핀과 연결한다. 그림 13.26을 참고하여, 이 구성 요소를 어떻게 연결하는지 살펴본다.

f. 배터리를 부착한다. 9V 배터리와 플러그를 아두이노의 배럴 잭에 연결하고, 12V 배터리 팩은 5-12V Motor Power라고 표시된 스크류 터미널에 연결한다.

RFID-내비게이팅 로버 프로그래밍

로버의 스케치에는 많은 복잡한 구성요소가 들어간다. 물론 RFID 태그를 판독해야 하고, 계속해서 태그에 대한 스캐닝과 수행하는 일련의 활동과 캡처 코드를 비교하게 된다.

예를 들어, 하나의 코드를 스캔하면, 로버는 센서가 향한 방향을 컨트롤하는 서보를 돌리고, 다음에 거리 스캔을 한다. 또 다른 태그는 로버를 뒤로 보내고, 반면 또 다른 태그는 로버를 제자리에서 회전하게 한다. 이들은 각자의 방향에 대하여 독립적으로 작용하고, 그리고 이는 이동하고자 하는 환경에서만 유일무이하다. 아래 예제를 그대로 사용할 수 없고 각자 환경에 맞게 변경해줘야 한다.

```
// 이 코드는 Adafruit의 모터 실드 라이브러리와
// Bildr.org's RFID 튜토리얼을 기반으로 만들어졌다.
#include <Servo.h>
#include <AFMotor.h>   // Adafruit 모터 실드 라이브러리를 다운로드해야 한다.
int RFIDResetPin = 13;
// 이는 초음파 컨트롤 핀이다.
```

```
// 3번 핀은 PING인 경우 아두이노 핀 넘버는 쉽게 변경할 수 있다.
// 그래서 모두 동일하다고 볼 수 있다.
int us_ping = 12;
int us_listen = 11;
// 모터 4개를 초기화한다. FL은 앞쪽 왼쪽(front left)이라는 의미다.
AF_DCMotor FLmotor(1);
AF_DCMotor FRmotor(2);
AF_DCMotor BLmotor(3);
AF_DCMotor BRmotor(4);
// 서보를 초기화한다.
Servo USservo;
// 태그 각각은 자신의 배열을 가지고 있고 올바른 코드를 추가한다.
// 13은 참조할 배열의 숫자이고 12개의 문자열이 할당된다.
char tag1[13] = "000000000000";
char tag2[13] = "111111111111";
char tag3[13] = "222222222222";
void setup() {
  Serial.begin(9600);
  pinMode(RFIDResetPin, OUTPUT);
  digitalWrite(RFIDResetPin, HIGH);를
  //서보와 4개 DC 모터의 전원을 켠다.
  USservo.attach(10); // 모터 실드의 서보 1
  FLmotor.setSpeed(200);
  FLmotor.run(RELEASE);
  FRmotor.setSpeed(200);
  FRmotor.run(RELEASE);
  BLmotor.setSpeed(200);
  BLmotor.run(RELEASE);
  BRmotor.setSpeed(200);
  BRmotor.run(RELEASE);
  // 초음파센서 핀을 초기화한다.
  const int us_Listen = 11;
  const int us_Ping = 12;
  long duration, inches, cm;
}
void loop() {
  char tagString[13];
  int index = 0;
```

```
    boolean reading = false;
    while (Serial.available()) {
      int readByte = Serial.read(); // 다음 바이트를 읽는다.
      if (readByte == 2) reading = true; // 태그의 시작
      if (readByte == 3) reading = false; // 태그의 끝
      if (reading && readByte != 2 && readByte != 10 && readByte != 13) {
        // 태그 저장
        tagString[index] = readByte; index ++;
      }
    }
    checkTag(tagString); // 일치하는지 체크한다.
    clearTag(tagString); // 모든 값을 지운다.
    resetReader();        // RFID 리더를 리셋시킨다.
}


switch (tagString) {
  case 'tag1':
    servo1.write(90); // 센서 회전
    // 핑 보내기
    pinMode(us_Ping, OUTPUT);
    digitalWrite(us_Ping, LOW);
    delayMicroseconds(2);
    digitalWrite(us_Ping, HIGH);
    delayMicroseconds(5);
    digitalWrite(us_Ping, LOW);
    // 그리고 나서 듣는다.
    pinMode(us_Listen, INPUT);
    duration = pulseIn(us_Listen, HIGH);
    cm2 = microsecondsToCentimeters(duration);
    if (cm2 < 1000) // 1미터 이내면 작동
    {
      // 1M 이내에 들어갔을 때 필요한 이벤트를 처리한다.
    }
    servo1.write(-90); // 원래 위치로 돌아간다
    break;
  case 'tag2':
    // 모터를 뒤로 뒬린다.
    FLmotor.run(BACKWARD);
```

```
        FLmotor.setSpeed(200);
        FRmotor.run(BACKWARD);
        FRmotor.setSpeed(200);
        BRmotor.run(BACKWARD);
        BRmotor.setSpeed(200);
        BLmotor.run(BACKWARD);
        BLmotor.setSpeed(200);
        delay(2000);
        FLmotor.setSpeed(0);
        FRmotor.setSpeed(0);
        BRmotor.setSpeed(0);
        BLmotor.setSpeed(0);
        delay(5);
        break;
     case "tag3":
        // 모터를 전진시킨다.
        FLmotor.run(FORWARD);
        FLmotor.setSpeed(200);
        FRmotor.run(BACKWARD);
        FRmotor.setSpeed(200);
        BRmotor.run(BACKWARD);
        BRmotor.setSpeed(200);
        BLmotor.run(FORWARD);
        BLmotor.setSpeed(200);
        delay(2000);
        FLmotor.setSpeed(0);
        FRmotor.setSpeed(0);
        BRmotor.setSpeed(0);
        BLmotor.setSpeed(0);
        break;
     }
  clearTag(tagString);   // 모든 값을 삭제한다.
  resetReader();         // RFID 리더를 리셋흔다.
}
// 이 함수는 초음파센서의 PING속도(마이크로초)를 센티미터 단위로 환한다.
long microsecondsToCentimeters(long microseconds)
{
  return microseconds / 29 / 2;
```

```
}
// 리더를 리셋한다.
void resetReader() {
  digitalWrite(RFIDResetPin, LOW);
  digitalWrite(RFIDResetPin, HIGH);
  delay(150);
}
// 이 함수는 배열의 값을 0으로 넣어서 태그의 코드를 모두 삭제한다.
void clearTag(char one[]) {
  for (int i = 0; i < strlen(one); i++) {
      one[i] = 0;
  }
}
```

요약

13장에서는 마지막 드론 프로젝트를 완성하였는데, 즉 액토보틱스 노마스 섀시와 드론을 움직이게 하는 아두이노를 가지고 로버를 만들어 보았다. 하지만, 이 책의 주요 프로젝트인 쿼드콥터 만들기는 아직 끝나지 않았다. 여전히 쿼드콥터에 대한 프로그래밍을 해야 한다. 14장에서는 노트북이나 태블릿에서 드론을 조정할 수 있게 해주는 몇 가지 드론-컨트롤 프로그램을 소개할 것이다. 그리고 나서, 쿼드톱터 위에 올린 멀티위 비행 컨트롤러Multi-Wii flight controller를 환경 설정하는 과정을 알려줄 것이다. 그리고 나고 곧 드론을 날리게 된다!

14장

쿼드콥터 제작 6: 소프트웨어

드디어 이 책의 마지막 장에 도달하였다. 이번 장에서는 쿼드콥터에서 사용할 수 있는 소프트웨어에 대해 배운다. 이번 장에서는 컴퓨터와 모바일 장치의 애플리케이션을 비롯하여 다양한 플라이트 컨트롤러를 다룬다. 오토파일럿은 비행체를 조이스틱을 사용하지 않고 제어할 수 있는 것이라고 생각하면 된다. 이번 장에서는 드론의 비행을 위해서 멀티위를 설정할 것이다(그림 14.1).

그림 14.1 쿼드콥터 프로젝트를 완료하였다. 이제 공중에 띄워보자!

플라이트 컨트롤러 소프트웨어

이미 알 수 있겠지만 소프트웨어는 우리가 손가락으로 조정할 수 있는 것보다 더 모터를 잘 제어할 수 있다. 소프트웨어에게 드론의 제어를 맡기면 카메라 또는 GPS와 다른 센서를 모니터링하여 드론을 제어한다. 또 다른 패키지를 이용하면 설정된 비행 패턴을 따라서 드론이 비행할 수 있도록 계획을 수립할 수 있다.

일반적인 플라이트 컨트롤러 패키지는 한 가지 형태의 플라이트 컨트롤러에만 설치된다는 점을 명심해야 한다. 어찌 보면 이는 당연하다. 왜냐하면 소프트웨어가 모든 드론의 특정 설정을 모두 알수 없기 때문이다. 어쨌든 플라이트 컨트롤러 제작자 입장에서는 자신들의 소프트웨어만 사용하기를 원할 것이다.

OpenPilot

오픈소스인 비영리 플랫폼인 오픈파일럿은 멀터콥터 이외에 트라이콥터, 고정-날개 비행기 및 로버와 같은 자동으로 움직이는 운송장치에 비행 자세안정 및 오토파일럿 소프트웨어를 제공한다. 각 비행체에 맞는 자신만의 설치가이드가 제공되기 때문에 Y-설정 헥사콥터(예를 들어)도 이 책에서 제작하였던 일반적인 X-설정 드론만큼 제어하기 쉽다.

오픈소스 프로젝트로서 OpenPilot은 개발자 커뮤니티에서 만들어졌으며 2010년에 데뷰하였다. 그 후 커뮤니티는 소프트웨어에 맞는 다른 하드웨어 플랫폼을 개발하였고, 안정적인 오토파일럿 기능을 추가하였다. OpenPilot에 대해 더 알고 싶다면 http://openpilot.org를 방문하면 된다.

그림 14.2 OpenPilot

멀티위

OpenPilot과 마찬가지로 멀티위는 오픈소스 커뮤니티에서 개발되었다(그림 14.3). 원래 이 프로젝트는 Wii의 눈차크nunchuck를 컨트롤러로 사용했지만 현재는 출시된 각 버전에 추가된 하드웨어와 소프트웨어 기능을 가진 견고한 멀티콥터 플랫폼을 가지고 있다.

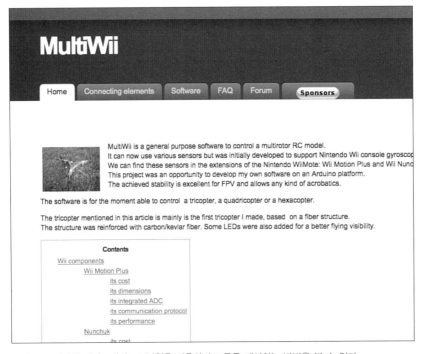

그림 14.3 멀티위 사이트에서 Wii 넌척을 이용하여 드론을 제어하는 방법을 볼 수 있다

처음에는 하드웨어는 아두이노와 IMU 보드와 같은 규격품 모듈로 구성되었지만, 현재는 공식적인 플라이트 컨트롤러가 개발되었다. 현재 여러 온라인 스토어에서 이 프로젝트의 복제품 하드웨어와 동일한 플라이트 컨트롤러를 구매할 수 있고, 직접 파트를 구입해서 조립할 수 있다. 멀티위에 대해 더 자세한 정

보나, 소프트웨어를 다운로드하거나, 프로젝트에 참여하는 방법을 알고 싶다면 http://multiwii.com을 방문하면 된다.

APM Planner 2.0

아두이노 기반의 오토파일럿을 만들기 위한 첫 번째 버전은 Adrupilot이라고 불렀다. 시간이 지남에 따라 소프트웨어는 드론 제작업체인 3D로보틱스3DRobotics 의 제품에 통합되었고 프로젝트 이름은 APM으로 변경되었다.

그림 14.4의 APM은 고정-날개 비행기, 로버 및 2개에서 8개의 프로펠러를 가진 일련의 콥터류를 지원한다. http://planner2.ardupilot.com/에서 자세한 정보를 얻을 수 있다.

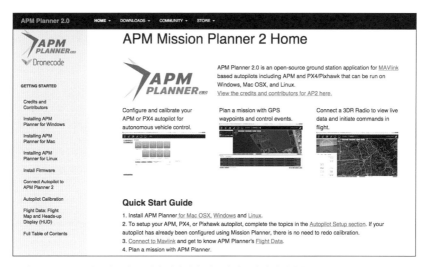

그림 14.4 Ardupilot는 아두이노 기반 비행제어 하드웨어로서 시작되었다

eMotion

SenseFly는 고정익 농업용 드론, 교량 조사용 드론, 측량 드론 및 전문가용 드론으로 전문 시장을 타겟으로 하는 하이엔드급의 드론을 생산한다.

그림 14.5와 같이 eMotion 소프트웨어는 앱을 통해서 비행 시뮬레이션, 미션 플래닝 및 센서 모니터링할 수 있는 하이엔드 기능을 가지고 비즈니스에 특화되어 있다. eMotion의 단점은 SenseFly 드론에서만 사용할 수 있다는 점이다. SenseFly의 웹사이트 sensefly.com에서 eMotion을 다운로드하는 방법에 대한 정보를 얻을 수 있다.

AR.Freeflight

패롯Parrot은 취미용 드론과 클로버 모양으로 전세계 상업용 드론에서 가장 인기 있는 패롯의 AR 드론에서 오랫동안 사용되었다. 패롯의 드론제어 앱인 AR.Freeflight는 스마트폰 애플리케이션으로 핀포인트 컨트롤을 수행할 수 있다 (그림 14.6).

현대의 영상 촬영 플랫폼으로 드론이 각광받고 가운데 AR.Freeflight는 패닝[1]의 움직임을 흉내낸 모션, 크래인 샷 및 비행 안정화 기능이 포함된 디렉터 모드를 선택할 수 있다. parrot.com에서 자세한 정보를 얻을 수 있다.

---

1 영화 촬영에 주로 사용되며, 동체만을 멈추고 배경을 흘려 운동감을 나타내는 촬영 기법 – 옮긴이

그림 14.5 SenseFly 드론은 중요한 작업을 수행하도록 만들어졌고, 탑재된 eMotion 소프트웨어는 매우 안정적이다

그림 14.6 AR.Freeflight는 Parrot 드론의 공식적인 제어 시스템이다

3DR Solo 앱

앞서 취미가나 드론 제작자에게 DIY 드론을 공급하면서 사업을 시작한 드론 제작업체인 3DRobotics를 언급한 적이 있다. 3DRobotics는 Solo가 성공하면서 크게 성장하였다. '전 세계 첫 번째 스마트 드론'이란 타이틀을 가지고 있는 Solo는 강력한 컴퓨팅 전원(1GHz 온보드 컴퓨터)를 가지고 있고 GoPro 카메라에서 HD화질의 스트림을 모바일 디바이스에 전송할 수 있다.

그림 14.7 3DR Solo 앱은 완전한 Solo의 경험을 제공한다

그들이 '스마트'라고 말하는 것은 농담 수준이 아니다. 드론이 하나의 타깃을 따라가도록 설정할 수 있다. 앱은 매우 똑똑해서 드론이 충돌할 경우 문제가 발생된 부분을 알려준다. 3DRobotics.com에서 더욱 자세한 정보를 얻을 수 있다.

멀티위 설정

앞서 살펴봤던 플라이트 컨트롤러 중 하나인 멀티위의 설정을 해보자. Multiwii.com에서 프로젝트에 필요한 모든 설정 정보를 얻을 수 있다. 그럼 설정을 시작해보자.

1. 최신 버전의 아두이노 IDE를 다운로드하고 설치한다.

2. 프로젝트 코드 레파지토리 http://code.google.com/p/multiwii에서 멀티위 소프트웨어를 다운로드한다.

3. 아두이노 환경에서 멀티위 스케치를 연다. 스케치는 몇 개의 탭으로 구성되어 있다. 이는 이번 장의 후반부에서 다시 설명한다. Config.h로 마킹된 탭을 클릭하고 쿱터 설정, 선택한 RC 시스템 또는 마이크로컨트롤러 타입에 맞게 스케치 프로그램을 변경한다. config.h의 가이드는 복잡하지 않기 때문에 설정을 커스터마이즈하는 데 큰 문제를 겪지 않을 것이다.

4. 그림 14.8과 마찬가지로 마이크로-USB를 사용해서 멀티위를 PC에 연결한다.

5. 일반 아두이노 규칙을 사용하여 멀티위 보드에 스케치 프로그램을 업로드한다(멀티위는 아두이노 보드에만 특화되어 있다).

6. 송신기를 설정한다. 일반적으로 송신기를 설정한다고 하면, 쓰로틀, 피치, 롤과 요 4개의 컨트롤의 최대값을 설정하는 것이다.

7. PID 튜닝한다. 이는 컨트롤을 세밀하게 설정하는 작업이고 http://www.multiwii.com/wiki/index.php?title=PID에서 자세한 정보를 얻을 수 있다.

8. 센서를 켈리브레이션한다. 이 작업을 하려면 WinGUI(https://code.google.com/p/mw-wingui/)와 같은 PC용 소프트웨어를 사용해야 한다. GUI는 자력계, 가속도계 및 자이로 스코프를 캘리브레이션할 수 있게 도와준다.

9. 이번 장의 마지막에서와 설명하겠지만 시험 비행을 실시한다.

그림 14.8 USB 케이블을 사용해서 멀티위와 컴퓨터를 연결한다

이제 모두 작업이 끝났다. 다음 섹션에서 시험 비행을 위해 실제 드론을 설정하는 방법을 설명한다.

멀티위 컨트롤 스케치 검사

여기서는 스케치 프로그램를 심도 있게 다루지는 않더라도 스케치 프로그램의 전반적인 구조를 설명한다. 전반적인 프로그램 구조를 알아야만 트러블슈팅이나 커스터마이즈하는 데 도움이 된다.

아두이노 IDE에서 multiwii.ino라는 이름의 파일을 연다. 그럼 간단한 환영 메시지와 스케치 프로그램의 실제 구성 요소가 포함된 몇 개의 탭을 볼 수 있다 (그림 14.9). 하나씩 하위-스케치 프로그램을 살펴보자.

- Alarms.cpp와 Alarms.h: 이 라이브러리는 멀티위의 버저와 여러 가지 경고용 LED를 제어한다. 아두이노에서 라이브러리는 소스 파일(.cpp)과 헤더 파일 (.h 확장로 표시)로 구성되고 여기에 핵심적인 기능이 들어 있다.

- EEPROM.cpp와 EEPROM.h: 이 라이브러리는 멀티위의 메모리 상에 GPS 웨이 포인트를 저장한다.

- GPS.cpp와 GPS.h: 이 스케치 프로그램은 멀티콥터의 GPS 기능을 제어한다.

- IMU.cpp와 IMU.h: 이 라이브러리는 관성측정장치IMU, Inertial Measurement Unit를 관리한다. 관성측정장치는 나침반의 방향과 고도를 결정하는 데 도움을 주는 센서이다.

- LCD.cpp와 LCD.h: 어떤 쿼드콥터들은 LCD 화면을 이용하여 조종사와 상호 작용할 수 있게 되어 있는데, 이 라이브러리는 LCD를 관리한다.

- MultiWii.cpp와 MultiWii.h: 이 라이브러리는 드론의 핵심 기능을 포함한다. 멀티위를 구성하는 다양한 라이브러리에서 데이터와 함수를 가져올 수 있다.

- Output.cpp와 Output.h: 이 라이브러리는 멀티콥터의 모터와 서보 및 여기에서 설명한 설정 중 가능한 부분을 제어할 수 있다.

- Protocol.cpp와 Protocol.h: 멀티위는 다양한 컴포넌트와 통신하기 위해서 MSPMultiWii Serial Protocol를 사용한다. 프로토콜 라이브러리는 MSP를 처리한다.

- RX.cpp와 RX.h: 이 라이브러리는 시리얼 통신을 지원하는 또 다른 리소스이다.

- Sensors.cpp와 Sensors.h: 이 라이브러리는 가속도계, 자력계, 자이로스코프 및 기압계와 같은 센서의 입력을 다룬다.

- Serial.cpp와 Serial.h: 이 라이브러리의 주 용도는 시리얼을 제어하는 작업이다.

- Config.h: 이 라이브러리에서 콥터의 설정을 세밀하게 할 수 있다. 콥터 타입을 선택할 수 있고, 다른 CPU를 선택할 수 있으며, 송/수신기 관련 설정을 할 수 있다.

- Def.h: 이 라이브러리는 스케치의 백그라운드에서 필요한 상수 이름과 같은 다수의 정의문을 가지고 있다.

- Types: 멀티위에서 필요한 코드를 담고 있는 또 다른 라이브리리이다.

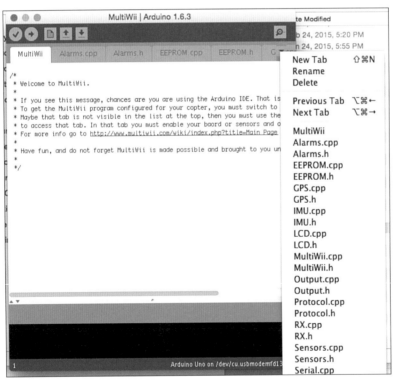

그림 14.9 멀티위 아두이노 스케치는 각 파일들이 탭별로 구성되어 있다

비행 전 체크리스트

이제 쿼드콥터를 테스트할 준비가 거의 끝났다. 테스트를 시작하기 전에 다음 체크리스트를 이용해 사전 점검해보자.

1. 비행 지역에 도착했을 때 전력선, 큰 나무 또는 드론 비행을 방해할 수 있는 물건이 근처에 있는지 확인한다. 또한 비행 지역이 공항과 같은 비행 제한 구역에 포함되어 있는지도 확인해야 한다.

2. 드론을 이륙시키고 착륙시킬 평평하고 열린 공간을 찾아야 한다.

3. 드론의 배선 장치에 충전된 배터리를 연결한다. 배터리를 연결하면서 더불어 다른 전선들이 느슨해진 곳이 없는지 같이 점검해야 한다.

4. 쓰로틀을 0으로 둔 상태에서 드론의 전원을 켜야 한다. 이 과정에서 많은 드론들이 최고 속도인 상태로 랜딩 패드에서 떨어지는데, 이는 쓰로틀이 최대로 올려져 있기 때문이다.

5. 프로펠러와 프로펠러 방향을 확인해야 한다. 쿼드콥터는 프로펠러 방향이 잘못된 방향으로 껴져 있는 경우 제대로 날지 못한다.

6. 드론에 카메라를 설치했다면 카메라의 전원을 켠다. 비디오 촬영을 하는 경우에는 레코딩을 시작한다.

7. 이제 드론을 이륙시켜보자! 쓰로틀을 천천히 올리면서 그림 14.10과 같이 땅에서 이륙한 드론이 움직임을 보면서 속도가 적절하게 증가시킨다.

그림 14.10 쿼드콥터는 땅에서 몇 피트 떠서 호버링한다

요약

소프트웨어를 이용해서 하늘에 도달할 준비가 되었다. 나는 이 책이 독자가 드론 기술을 탐험하는 데 도움을 주길 바란다. 행운과 좋은 비행이 되길 바란다.

용어사전

- **3D 프린터(3D printer)**: 플라스틱을 압출 성형하여 적층하여 3차원 오브젝트를 만드는 기계이다.

- **CNC(Computer numerically controlled tools)**: 컴퓨터 프로그램에서 지정한 경로를 정확하게 따라가는 레일이 설치된 동력 도구이다.

- **DC 모터(DC motor)**: 전압이 전극에 인가될 때 허브가 회전하는 일반적인 모터이다.

- **FPV(First-person video)**: 일반적으로 낮은 해상도를 가지고 있고, 드론이 보는 것을 드론 파일롯이 볼 수 있게 해주는 라이브 비디오이다.

- **IR 리시버(receiver)**: 정확한 적외선 펄스인 38MHz를 감지하는 센서이다.

- **LED(Light-emitting diode)**: 전기 분야에서 LED는 전구이다.

- NiCad: 니켈-카드늄 배터리이며 재충전이 가능하다.

- NiMH: 니켈-메탈 하이드리드 배터리이며 재충전이 가능하다.

- PCB(Printed circuit board): 전도성 물질로 쌓여진 복합 보드이며, 회로를 보드에 매칭할 수 있어 전자 부품을 만들 수 있다.

- PWM(Pulse-width modulation): 모터와 LED와 같은 전자 부품을 매우 빠른 속도로 on과 off를 번갈아 깜빡거리게 "디밍"하는 방식이다.

- RFID(Radio-Frequency IDentification): 전압이 인가되지 않는 태그와 이를 읽을 수 있는 센서가 포함된 시스템이다.

- ROV(Remote Operating Vehicle): 해저 탐사에 사용되는 수중 드론이다.

- UAV(Unmanned aerial vehicle): 항공용 드론의 또 다른 명칭이다.

- **가속도계(Accelerometer)**: 속도와 가속도를 결정해서 마이크로컨트롤러에 알려주는 센서이다.

- **광센서(Light sensor)**: 빛을 감지하는 센서이다. 일부 컴포넌트는 빛의 밝기에 따라 가변 저항으로 동작하고, 다른 컴포넌트는 디지털이고 마이크로컨트롤러에 수치 데이터를 보낸다.

- **그라운드 버스(Ground bus)**: 브레드보드의 도체 스트립이다. 일반적으로 그라운드는 검정 또는 파란색으로 표시된다.

- **그라운드(Ground)**: 전기 회로의 리턴 경로이다. 배터리에서 그라운드는 -(마이너스 표시)이다. 그라운드는 전기 용어로 GND라고 한다.

- **기체(Airframe)**: 쿼드콥터의 섀시이다.

- **단자판(Terminal strips)**: 브레드보드상의 커넥터들의 행이고 전원 및 그라운드와 수직으로 되어 있다.

- **대기압 센서(Barometer sensor)**: 기압계보다 더 많은 방법으로 대기압의 변화를 감지하는 센서이다.

- **데이터로거(Datalogger):** 마이크로컨트롤러 프로젝트에서 데이터를 기록하는 모듈이다. 예를 들어 센서 데이터를 들 수 있다.

- **동작감지센서(PIR, Passive Infrared sensor):** 온도의 미묘한 변화를 감지하여 동작을 감지하는 적외선 센서이다.

- **디지털(digital):** 다양한 전압 레벨로 구성된 아날로그와 다르게 yes 또는 no만으로 구성된 데이터 타입이다.

- **라디오 컨트롤러(RC, Radio Controller) 시스템:** 컨트롤러와 리시버로 구성된 로봇 또는 모델 차량에 사용되는 제어 시스템이다.

- **라이브러리(Library):** 아두이노 스케치에서 참조하는 지원 코드이고 이를 사용하면 스케치 프로그램을 상대적으로 간단하게 유지할 수 있다.

- **레이저 커터(Laser cutter):** 레이저 애처etcher라고도 하면 카드보드나 MDF 및 파티클 보드와 같이 얇은 소재를 태워서 자르는 기계이다.

- **로버(Rover):** 자동차 형태로 지면을 돌아다니는 드론이다.

- **로터리 툴(Rotary tool):** 절단용 톱, 사포, 광택기에 이르기까지 여러 타입의 도구를 가진 강력한 소형도구이다. 이 분야에서 드레멜Dremel이 업계의 리더이다.

- **리드(Lead):** 전선이 연결된 컴포넌트에 있는 전선 또는 터미널이다.

- **리포배터리(Lipo):** 리튬 폴리머 배터리이며, 로봇 및 RC 분야에서 사용되는 재충전 가능한 배터리이다.

- **마이크로컨트롤러(Microcontroller):** 센서의 입력을 받아서 모터와 전구를 동작하게 할 수 있는 단순화된 컴퓨터이다.

- **마이크로컴퓨터(Microcomputer):** 일반적인 컴퓨터에서 할 수 있는 일을 동일하게 할 수 있는 소형 컴퓨터로 일반 컴퓨터보다 사양이 떨어진다.

- **멀티콥터(Multicopter):** 일반적으로 쿼드콥터 및 트리 콥터와 옥토 콥터처럼 프로펠러 여러 개를 가진 콥터를 의미한다.

- 메시 네트워크(Mesh network): 여러 개의 노드로 구성된 네트워크이다. 각 노드는 다른 모든 노드를 볼 수 있다.

- 메카넘휠(Mechanum wheels): 림을 따라 작은 휠을 가진 휠이다. 이 휠을 사용하면 로봇을 전/후 또는 옆으로 움직일 수 있다.

- 모터 컨트롤 칩(Motor control chip): 모터를 제어하기 위해 최적화된 통합회로를 가진 칩이다. 이를 이용해서 모터를 제어할 수 있도록 아두이노 기능을 확장할 수 있다.

- 배열(Array): 프로그래밍 전문 용어로 배열은 값들이 저장된 리스트이다.

- 변속기(ESC, Electronic Speed Controller): 마이크로컨트롤러나 수신기로부터 나오는 낮은 전압의 시그널에 따라서 모터에 높은 전압을 인가하는 디바이스이다.

- 보드(Board): 인쇄 회로 기판PCB, Printed Circuit Board를 부르는 약어이다.

- 부싱(Bushing): 차축을 고정하는 데 사용되는 소형 파스너fastener이다.

- 브러시/브러시리스 모터(Brushed/brushless motor): 브러시 모터와 브러시리스 모터는 모터 권선에 전력이 전도되는 방법이 다른 DC 모터이다.

- 브레드보드(Breadboard): 납땜 없이 쉽게 회로를 연결할 수 있도록 감춰진 컨덕터conductor를 가진 구멍이 있는 플라스틱 보드이다.

- 브레이크아웃보드(Breakout board): 단일 컴포넌트를 제어하기 위해 사용되는 소형 인쇄 회로 기판이다. 예를 들어 L293D 모터 컨트롤 칩을 관리하기 위한 브레이크아웃보드를 만들 수 있다.

- 섀시(Chassis): 로봇이나 무인항공기의 컴포넌트가 부착될 프레임이다.

- 서보(Servo): 기어박스와 인코더가 장착된 모터이며 모터의 샤프트가 얼마나 회전하는지를 정밀하게 제어할 수 있다.

- **서보혼(Servo horn):** 서보의 로터에 부착된 디스크 또는 레버이거나 서보가 움직이는 것을 모두 의미한다.

- **센서(Sensor):** 주변 환경 정보를 마이크로컨트롤러에 데이터 또는 전압 형태로 보내는 전자 장치이다.

- **쉴드(Shield):** 아두이노에 추가된 회로이며, 아두이노 오른쪽 상단의 핀에 부착되어 추가 기능을 제공한다.

- **스케치(Sketch):** 아두이노의 핀을 제어하기 위한 아두이노용 프로그램 언어이다.

- **스탠드오프(Standoffs):** PCB를 사용할 때 다른 접착면과 공간을 만들고 지지하기 위해 사용되는 금속 또는 플라스틱을 의미한다.

- **스텝 모터(Stepper motor):** 한 스텝씩 증가되어 회전하도록 설계된 모터이다. 보통 4개 이상의 극을 갖고 있다.

- **습온도 센서(Temperature and humidity sensor):** 온도와 습도를 측정하는 디지털 센서이며 마이크로컨트롤러에게 측정값을 숫자로 전달한다.

- **시리얼 모니터(Serial monitor):** 아두이노 통합 개발 환경(IDE)에 있는 윈도우 중 하나로 시리얼 통신으로 전송되는 트래픽을 모니터링할 수 있다. 이 도구는 프로그래밍을 디버깅할 때 매우 훌륭하다.

- **시리얼 통신(Serial communication):** 하나의 전선을 통해서 각 비트를 순차적으로 전송하는 커뮤니케이션 방식이다.

- **실시간 클록(RTC, Real-Time Clock) 모듈:** 배터리를 가진 시간기록 칩이며, 몇 달 동안 올바른 시간을 나타낼 수 있도록 설계되어 있다.

- **아날로그(Analog):** 일련의 온-오프 시그널로 데이터를 보내는 디지털 방식과는 다르게 지속적인 가변 전압 파형으로 데이터를 보내는 방식이다.

- **아웃러너(Outrunner)**: 외부 케이스와 전자석이 중심 축 주위를 회전하는 모터이다.

- **암페어(Amp)**: 전류의 단위이다.

- **엑스비(XBee)**: 지그비ZigBee 프로토콜을 사용하는 무선 모듈이며, 홈 오토메이션에 자주 사용된다.

- **열 수축 튜브(Heat shrink tubing)**: 전기가 통하지 않는 고무 튜브이며 전선이 연결된 부위를 덮기 위해 사용된다. 열이 가해지면 튜브는 수축되어 외부에 노출된 전선을 감싸준다.

- **오토파일롯(Autopilot)**: 미리 프로그래밍된 비행 경로를 따라서 드론을 조정하는 마이크로컨트롤러이다.

- **오픈소스(Open-source) 하드웨어와 소프트웨어**: 코드와 전기 도면이 자유롭게 공유되어 있고 누구나 자유롭게 수정하거나 재생산할 수 있는 전자 프로젝트이다.

- **옴니휠(Omni wheel)**: 자유롭게 회전하는 사이드 휠에 붙어 있는 구동 휠이며, 메인 휠이 진행방향으로 움직일 수 있고, 진행 방향의 수직으로 움직일 수 있으며 메카넘 휠이라고도 한다.

- **이니셜라이즈(initialize)**: 새로운 변수를 생성하고 값을 할당하는 작업이다.

- **인러너(Inrunner)**: 전자석으로 둘러 쌓인 축이 회전하는 모터이다.

- **인코더(Encoder)**: 모터 허브가 얼마나 회전했는지 감지하고 마이크로컨트롤러에 이 값을 반환하는 디바이스이다.

- **자력계(Magnetometer)**: 자기장을 감지하는 센서이다. 특히 지구의 자기장을 감지한다.

- **자율 로봇(Autonomous robot)**: 움직임 제어를 사람이 조정하지 않고 자신의 프로그래밍에 의지하는 로봇이다.

- **저항(Resistor)**: 회로에 전압의 흐름을 제어하고 부서지기 쉬운 전자부품을 보호하기 위해 전기의 흐름을 제한하도록 설계된 전자 부품이다.

- **적외선(IR, Infrared light)**: 빛 중에서 인간이 볼 수 있는 영역 밖의 대역폭인 적외선은 소량의 데이터를 보낼 때 사용된다. 예를 들어 TV의 "off" 시그널이 있다.

- **점퍼(Jumper)**: 전자 분야에서 사용되는 도체나 전선을 의미하는 일반적인 용어이다.

- **집적회로(IC, Integrated circuits)**: 플라스틱 하우징에 들어 있는 소형화된 전자 회로이다.

- **초음파 센서(Ultrasonic sensor)**: 사람의 가청 주파수 밖의 소리를 송신한 뒤 반사되는 에코를 수신하여 물체와의 거리를 측정하는 센서이다.

- **카본섬유(Carbon-fiber)**: 강하고 가벼운 소재이며 드론이나 비행체에 사용된다.

- **컴파일(Compile)**: 하나의 컴퓨터 언어를 다른 언어로 전환하는 방법이다. 일반적으로 사람이 읽을 수 있는 코드를 기계가 읽을 수 있는 코드로 전환하는 것을 의미한다.

- **쿼드콥터(Quadcopter)**: 4개의 프로펠러와 모터가 4변형에 설치된 소형 비행체이다.

- **통합개발환경(IDE, Integrated Development Environment)**: 프로그램 코드를 만드는 프로그래머에게 기술적인 서비스를 제공하는 소프트웨어이다.

- **툴패스(Toolpath)**: CNC로 작업할 때 도구가 따라가는 경로를 의미한다.

- **트랜지스터(Transistor)**: 전기 신호로 제어되는 소형 전자 스위치이다.

- **파워 버스(Power bus)**: 브레드보드에 전압을 공급하기 위해 설계된 도체 스트립이다.

- **포텐션미터(Potentionmeter)**: 폿$_{pot}$이라고 불리기도 하는데, 포텐션미터는 손잡이를 통해 조절되는 가변저항이다.

- **프롭세이버(Prop saver)**: 프로펠러가 손상되지 않도록 보호해 주는 프로펠러 마운트이다.

- **플라이트 컨트롤러(Flight controller)**: 기압계, 고도계 및 기타 센서를 이용해서 드론을 제어하는데 최적화된 마이크로보드 컨트롤러이다.

- **핀**: 아두이노의 파워와 데이터 커넥터이다.

- **회로도(Schematic)**: 회로도가 그려진 도면이며, 여러 컴포넌트를 대표하는 기호를 사용하여 그려져 있다.

찾아보기

나만의 Drone 만들기
개인용 드론, 쿼드콥터, RC보트 DIY 제작 매뉴얼

인 쇄 | 2015년 12월 28일
발 행 | 2016년 1월 8일

지은이 | 존 베이치틀
옮긴이 | 박성래 · 이지훈

펴낸이 | 권 성 준
엮은이 | 김 희 정
　　　　안 윤 경
　　　　전 진 태
표지 디자인 | 한국어판_이승미
본문 디자인 | 박 진 희

인쇄소 | (주)갑우문화사
지업사 | 신승지류유통(주)

에이콘출판주식회사
경기도 의왕시 계원대학로 38 (내손동 757-3) (16039)
전화 02-2653-7600, 팩스 02-2653-0433
www.acornpub.co.kr / editor@acornpub.co.kr

한국어판 ⓒ 에이콘출판주식회사, 2016, Printed in Korea.
ISBN 978-89-6077-813-9
ISBN 978-89-6077-091-1(세트)
http://www.acornpub.co.kr/book/diy-drone

이 도서의 국립중앙도서관 출판시도서목록(CIP)은 서지정보유통지원시스템 홈페이지(http://seoji.nl.go.kr)와
국가자료공동목록시스템(http://www.nl.go.kr/kolisnet)에서 이용하실 수 있습니다.(CIP제어번호: 2015035913)

책값은 뒤표지에 있습니다.